讀鹿踏野
——神社 修行 紅烏龍

王鴻濬——著

目錄

主編語

鹿野位於花東縱谷南段，屬於熱帶地區，土地肥沃，是農作菁華帶，整個地形因板塊運動及河川侵蝕之故，河階之地處處皆是。鹿野是個非常特別的地方，經歷百年的時光，曾經有著共同目標的一群人，不分地域、族群，為著尋找心目中理想的家，前來此地生根立業，建立了美麗的家園。

作者王鴻濬長期關注臺灣永續發展課題，本書書寫臺東鹿野，是嘗試以跨越時空、跨越領域的研究方式來完成。因此本書不僅是一本歷史書籍，同時也是書寫在地文化的作品。為了嚴謹的審訂本書，我們邀請了兩位學者，雙向匿名審查這本《讀鹿踏野——神社　修行紅烏龍》書的內容，並獲得不錯的評價，建議出版。王鴻濬試圖深描的是人、歷史與土地的情感連結，在他生動描繪下，自然和人文都有了鮮活的表情。

於是，我們有了這本刻劃著土地、自然與人文互動共生的旅遊手札。

序

國立東華大學人文社會科學學院院長
王鴻濬

為鹿野寫一本具有質感的旅行手札，藉由本書內容與親自的深度旅遊，發現鹿野的人文與自然之美，一直是我非常想完成的工作。第一次前往鹿野是十幾年前，為了永安社區的「玉龍泉」生態步道的輔導，大約同時，也因為「鹿鳴溫泉酒店」的興建，去做了環境影響評估案的審查。從此之後，協助鹿野鄉龍田、永安村的社區營造推動，以及環境教育設施場所的輔導工作，造訪鹿野的次數愈來愈多，也更加深入認識鹿野自然風光，以及迷人的文化底蘊，促成了寫這本書的動機。希望本書有「拋磚引玉」的功用，讓喜愛深度文化旅遊的旅人，可以在探訪鹿野之際，產生內心悸動的共鳴。

本書能夠完成，首先要感謝潘永豐先生的支持。潘先生的家族在日治時期，就由臺灣西部移居至鹿野高臺，是開拓地方的士紳。到了他父親這一代，因為照顧高臺地區原住民，以及當官時期守正不阿，深獲地方的愛戴。潘永豐先生在父親身教的薰陶下，律己甚嚴，但寬以待人，在長達三十一年的鹿野地區農會總幹事職務上，不但建樹頗豐，也為農業產業奠定了基礎。除此之外，潘先生鼓勵追求真理，以慈悲與愛宣揚善念，因此，他不但是基督長老會鹿野教會長老，也是佛教慈濟功德會榮譽董事。他曾說：「佛教講慈悲，與耶穌說：我就是道，一生講仁愛，捨命救贖世人的真理是一樣的道理。」

我以鹿野地區發展歷史為軸線，來架構這本書的章節內容。「草莽、鹿嗷、原民馳」是本書的序曲；可以追溯至清政府「經營」後山，在卑南設置「卑南廳」或稱「南路廳」開始。然而，大規模移民開墾，始於日治時期的大正年間，在鹿野設置了全臺第一個「私營移民村」。這段期間，許多內地（日本人）的農業移民移居於此，開始築堤興圳、開荒墾地、種植甘蔗，提供臺東製糖株式會社製糖原料。鹿野，逐漸的成為內地與島內移民的熱點。

建立相當於現在龍田村的規模與設施，大致上於此時已臻完備。村內有煤油燈路燈、青年會館、臺東製糖株式會社事務所、鹿野庄役場、鹿野高等尋常小學校、鹿野高等尋常小學校附設「托兒所」、神社、神田全次醫師診療所、公共澡堂（風呂）、牛水飲溜池（牛隻飲水池）、火見の櫓（防火瞭望臺）等設置一應俱全，為當時臺東廳內規劃最完善的社區之一。如今再度造訪，沿著光榮路而行，兩側的木構建築仍然依稀可見；或整修待復，或傾頹於荒草之間，但已非當日熙攘往來的市街景況了。

臺灣光復後，仍然有許多西部移民選擇墾殖移居於鹿野。主要原因是西部可耕地都已經開發，不斷成長的人口，需要尋找更多的「安身立命」之處，來維持家計生活。尤其在民國四十八年的八七水災之後，帶來大量的西部移民，他們在鹿野地區胼手胝足，為建設新家園而努力。

在眾多西部移民者之中，最受矚目的，便是來自臺中的證嚴法師。她堅定的選擇向佛之路，前來臺灣東部修行的第一個落腳掛單之處，便是鹿野龍田村的崑慈堂。她在鹿野時間不長，但留下了「慈濟樹」——歡喜做，甘願受，以及證嚴為尋找證道，一段巒山冒險故事的「智慧之路」步道。

如今，鹿野高臺的熱氣球活動，已經成為暑假期間全國的熱門活動，加上鹿野茶區產製的「紅烏龍」的盛名，產業發展帶來了觀光人潮，地方經濟也跟著活絡起來。此時的鹿野正吸引了新的一批移民，前來定居，然而「新」與「舊」之間，也正激盪著鹿野「社區復興」

的新文化。我相信如同一世紀以前，一批批滿懷著希望的移民，遠渡重洋，移居於此，撰寫著他們自己的歷史，編織那一個時代的故事。鹿野人，在任何可發展的機會上，永遠不會停下腳步，下一階段，正等待他們的摸索前進，創造歷史。

二〇一九・八

鹿野地圖

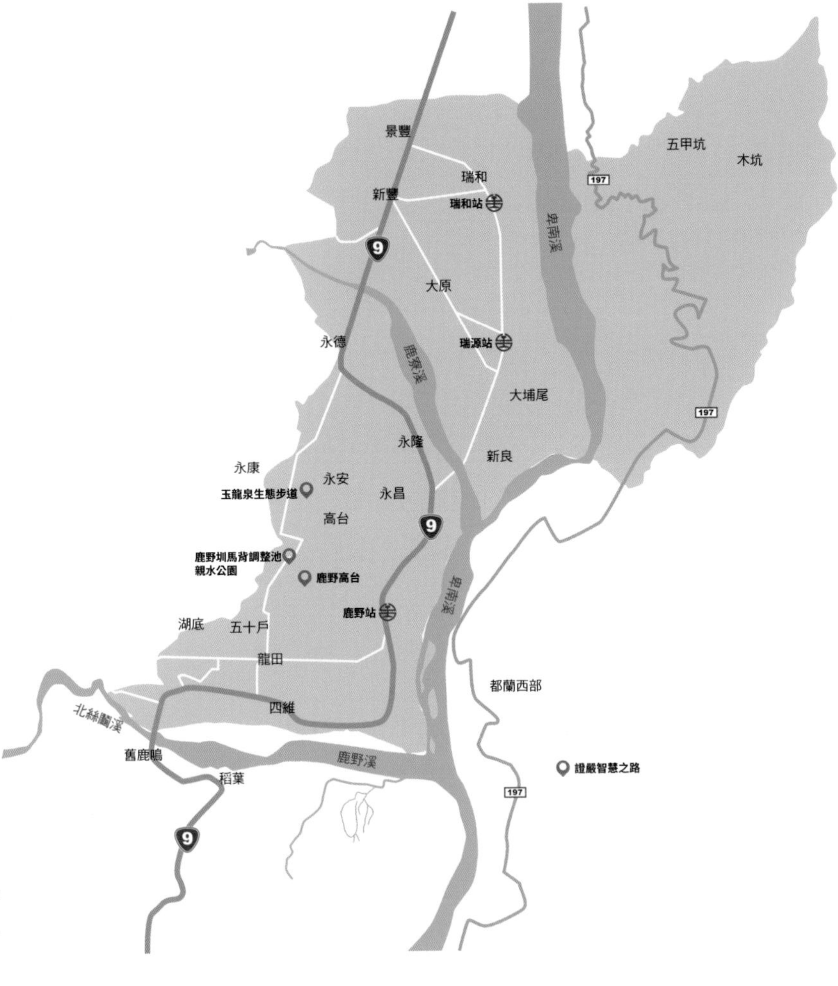
景豐
瑞和
新豐
瑞和站
9
大原
永德
瑞源站
鹿寮溪
卑南溪
大埔尾
永隆
新良
永康
永安
玉龍泉生態步道
永昌
高台
鹿野圳馬背調整池
親水公園
鹿野高台
鹿野站
湖底
五十戶
龍田
四維
北絲鬮溪
舊鹿鳴
鹿野溪
稻葉
都蘭西部
證嚴智慧之路
197
五甲坑
木坑

1 草莽．鹿嗷．原民馳

鹿野全境位於花東縱谷沖積平原南端，
由加拿典溪、鹿寮溪、鹿野溪
以及卑南溪沖積而成，
南臨卑南鄉，
西接海端與延平鄉，
北界關山鎮，
東與延平鄉、東河鄉為鄰。

逐鹿後山

鹿野鄉全境位於花東縱谷沖積平原的南端，由最北邊的加拿典溪、中間地帶的鹿寮溪、南邊的鹿野溪以及東側的卑南溪沖積而成。鹿野鄉南臨卑南鄉，西接海端鄉與延平鄉，北界關山鎮，東與延平鄉、東河鄉為鄰。

鹿野的史前時代

由於地處中央山脈與海岸山脈間平坦的沖積平原，一旦遇到板塊碰撞斷層移動，或夏季暴雨後河川氾濫、山崩、地滑、土石流等各種災害，容

從鹿野高臺俯望鹿野地區。

易導致土層堆積、移動，使得地形產生較大的變化。加上移入墾殖農耕作業的擾動影響，使得史前人類居住地河階地受到破壞，已發現的遺址數量及規模並不大。

根據《鹿野鄉志》的記載，截至目前為止，鹿野地區所發現的史前遺址僅有兩處，一處為永安遺址（又稱「鹿野高臺遺址」），另一處為寶華山遺址。這兩處遺址經考古鑑定，可以溯及新石器時代，屬於繩紋紅陶文化，距今大約五〇〇〇年至二〇〇〇年前，當時先民過著山田燒墾與狩獵的生活。

考古出土的文物以手工製作的石斧、石刀為主，且兩地出土的位置位於河階（高臺遺址）及稜線（寶華山遺址）。由於出土文物數量有限，兩處遺址據推測極可能為「工作地」而非「居住地」[1]。

荷蘭人在東臺灣

昔日的臺灣是一個有人居住而「無主」的島嶼，先後經歷荷西（荷蘭、西班牙）、明鄭、滿清、日本及國民政府等政權的統治。明鄭、西班牙統治時期，其管轄範圍末及臺灣東部，最先進入東部地區的政權實為荷蘭人。荷蘭經營花東地區始於一六三〇年代後半期，其政府官員與東印度公司人員因黃金傳聞而來到東部，一方面尋找金礦，一方面藉由武力進行「撫番」。不過，黃金探索幾經挫敗，不見具體進展，對東部各部族又征伐失利，統治管理風險大增，財務負擔愈來愈沉重，終於使荷蘭人放棄開發東部[2]。

然而荷蘭人在後山政治上的推進，還是有些制度上的發展。從一六四一年起，荷蘭統治者逐漸發展所謂的「地方會議」制度，要求歸順的番社每一年派遣代表前往臺南赤崁樓或其他地方集會，一方面透過集會傳達東印度公司的訊息，也藉由各社的報告瞭解其近況發展。一六四四年，卑南地區的部落首次至赤崁樓參加地方集會，這意味著臺灣東部正式進入荷蘭人的統治範圍[3]，甚至在一六六一年鄭成功率部攻臺時，東印度公司南路政務官 Hendrick Noorden 率眾來卑南社避難，並選擇在掃叭社設立據點，一方面作為緊急退避之地，另一方面試圖與立霧溪口的哆囉滿社取得聯繫，作為對抗鄭成功的長期根據地[4]。

原民競逐的處女地

明鄭覆亡，臺灣於康熙年間劃歸滿清版圖，但後山仍被清國視為化外之地，未獲得重視，此時花東廣大的土地仍是莽莽草原與蒼鬱森林。根據《臺東史誌》，康熙三十五年（一六九六）才有臺東卑南覓等六十五社集體向清廷歸附納餉（康熙三十四年花蓮崇爻八社歸化），正式成為滿清子民。雖然原住民各社歸附清國，但花東平原縱谷地區實際而強悍的統治者卻是卑南族[5]。

康熙六十年（一七二一）爆發朱一貴事件，其後清廷為了隔絕漢人與原住民串連，防止其伺機作亂反清，因此於臺灣各地興築「土牛溝」，挖溝隔絕，或以石堆壘設隘，阻止原、漢互越，封禁政策從此展開。在長達一百五十年的封禁期間，仍有少數漢人透過海路移墾後山，居住於西部山區的原住民族受到漢人墾殖的影響，發展逐漸受到限制，於是開始有計畫地向東遷移，尋找新的獵場與耕地。

十九世紀初，花東廣大的土地上，包括縱谷和海岸地區，已有阿美族五大群點狀分布其間。此時大部分土地仍是未墾殖的原野獵場，各部族憑其勢力消長，彼此競逐這片無主的處女地，於是中央山脈東側有布農、木瓜、太魯閣部族的聚落，縱谷地區自卑南以北有阿美族在北絲鬮溪旁的巴拉雅拜（擺那擺）（Parayapay）、加納納（瑞穗）、馬太鞍（光復）、荳蘭（吉安）等社，為當時較大的聚落。

平埔族進入東臺灣

大約在道光年間，開始有比較大規模的島內移墾。隨著漢人移墾後山，下淡水溪（今高屏溪）下游平原的馬卡道族（Makatao）也在一八三〇至一八四〇年間前往花東地區。馬卡道族由恆春越過中央山脈南端，進入大武，再北上卑南，尋找縱谷無人地帶墾殖，他們建立的聚落稱為「璞石閣平埔八社」，散落於秀姑巒溪沿岸玉里長良、富里大庄（富里）、公埔一帶。咸豐年間，大約一八五九年間，同為平埔族來自宜蘭的噶瑪蘭族，也移往花蓮豐濱、加里灣（花蓮嘉里）[6]。

從清乾隆、道光、咸豐，乃至同治時期，清政府繼續採封禁政策，嚴禁內地人民渡臺，也禁止島內的臺民私入番界，當時頒佈的禁令為「凡民人私入番境者杖一百；如在近番處所抽藤、釣鹿、伐木、採棕者杖二百、徒三年[7]。」其用意就是斷絕原漢之間的來往。然而，臺灣西部平原與淺山地區大致已開墾完成，少數漢人開始移墾，選擇後山交通方便、開闊地平原進行移民墾殖，對此清政府在政策上並未有所鼓勵，而是採取放任的態度[8]。

沈葆楨與開山撫番

清政府一改對臺灣後山的治理態度，關鍵在於同治十三年（一八七四）的「牡丹社事件」。日本出兵臺灣，清政府驚覺臺灣後山門戶大開，列強虎視眈眈，原因就是清廷輕忽番地，將之視為「化外之地」，為了翻轉劣勢，必須對後山番地施以積極的管理與教化，以免成為外國勢力進入臺灣的藉口。

日本出兵臺灣，爆發牡丹社事件，清廷急遣沈葆楨來臺籌辦防務，長達一百五十年的封山禁令從此鬆綁。
引用自《維基百科》ec 授權

牡丹社事件結束後，福建船務大臣沈葆楨被清廷授以「欽差辦理臺灣等處海防兼各國事務大臣」防衛臺灣。他深刻瞭解臺灣防務地位的重要，先奏請解除長達一百五十年的封山禁令，並建議積極推動「開山撫番」政策。在其〈請移駐巡撫摺〉中闡述了「開山撫番」是他的重要策略。

「臺地之所謂善後，即臺地之所謂刱（音創）始也；善後難，以刱始為善後則尤難。臣等曩為海防孔亟，一面撫番，一面開路，以絕彼族覬覦之心，以消目前肘腋之患；固未遑為經久之謀。」，「夫務開山而不先撫番，則開山無從下手；欲撫番而不先開山，則撫番仍屬空談。」[9]

沈葆楨的主張促使清政府對後山治理的態度轉為積極，在臺東卑南正式設官治理，成為清政府在臺灣東部所設置的第一個地方政府[10]。在沈葆楨的規劃下，計畫性的開路（北、中、南路）、撫番與移民屯墾等措施也同時展開。「開山撫番」成為清政府真正經營後山之始，由於新政策的推動，後山翻開了歷史新頁。

然而後山的歷史新頁並未持續太久，沈葆楨離臺後，丁日昌接任，以財政不堪負荷，交通不便，主張「後山暫時緩開」，之後的吳贊誠亦持相同的看法，認為水路運道不便，雖有「膏腴之地」，但僅可「隨時設法、相繼辦理」，並非以常態方式來推動建設。因此，在沈葆楨之後，主事者態度趨使清廷對後山的治理態度又轉為消極，開山撫番政策逐漸鬆弛，且有日益衰退的態勢[11]。直至中法戰爭，清廷派遣劉銘傳來臺督辦防務，待法軍退出臺灣後，劉銘傳才再度積極推動開山撫番的政策。從同治十三年以來，臺灣東部的重要發展歷程如表一。

表一　開山撫番之臺灣後山治理

時間	治理方式	說明
同治 13 年（1874）	沈葆楨奏請〈臺地後山請開舊禁摺〉。	開山撫番，經營臺灣後山正式開始。
光緒元年（1875）	原設於臺南府南路理番同知移紮埤南、設置埤南廳，下設「招撫局」於埤南以撫番。	正式成立的埤南廳轄有蘇澳至恆春八瑤灣的範圍，涵蓋花蓮、臺東以及部分屏東、宜蘭。時任理番同知為袁聞柝（音拓）。
光緒 3 年（1877）	巡撫丁日昌派員在廣東汕頭設局招募潮民二千餘人，用官輪船載赴臺灣。然而僅有五百名前來，因呈報成效不佳，汕頭招墾局隨即裁撤。	此為第一次官營移民，移墾地為大港口、埤南等地。然而墾民水土不服，隨即裁撤汕頭招墾局，已抵臺灣之五百名隨後安插大庄、客人城等地[12]。
光緒 12 年（1886）	設埤南與水尾兩個撫墾局。	
光緒 13 年（1887）	臺灣本年設省，巡撫劉銘傳上奏重劃臺灣行政區域，設臺東直隸州，等同於府的地位，宣示清廷經營後山的決心。 水尾撫墾局分為秀姑巒、花蓮港兩個撫墾分局。	臺東直隸州設於水尾（瑞穗），另於埤南設州同一員，花蓮港設州判一員，原駐紮於埤南的南路撫民理番同知，裁撤[13]。 後山三區（埤南、水尾、花蓮港）的劃分於此時形成[14]。
光緒 14 年（1888）	最終並未建城設署於水尾，仍回埤南。	當年（1888）有大庄客民劉添旺領番抗清，因民番之亂，水尾居民死亡已盡，仍寄州治於埤南，直至 1895 日人接收臺灣。

資料來源：筆者整理。

清領末期的鹿野

由於沈葆楨開山撫番政策的推動，後山逐漸因軍墾、民墾而出現有規模、有計畫的移墾與聚落發展，這些移墾者主要來自大陸沿海及臺灣其它地區。新墾聚落參差於東部各原住民與之後移居的平埔族部落之間，生活與民族的融合於是自然而然發生了。

鹿野地區在一八九五年臺灣受日本統治前，已發展成阿美族、卑南族與漢人混居的聚落。根據胡傳（一八九四）與田代安定（一九〇〇）的調查結果分析，《臺東州采訪冊》僅記載「番社」的戶數與人口，無漢人移居的記載，而田代安定的資料因調查時間較晚，已有漢人聚落「義安庄」。

從上述分析可知，清領末期與日治初期，鹿野地區大致還是以阿美族為主要居民，由南至北分據於今鹿野溪、鹿寮溪、最北的加拿典溪及卑南溪左岸之間的縱谷沖積平原，直到清代末期，漢人才移入本區墾殖，在加拿典溪附近形成「義安庄」聚落（今鹿野鄉瑞豐村景豐社區）。然而，鹿野地區位於卑南族與布農族的勢力範圍內，常存有獵首的威脅，墾殖環境又欠佳，自然災害頻傳，墾民不堪安全威脅與天然災害釀成損失，墾殖收成不佳而放棄移

表二　鹿野地區族群與聚落（一八九四年至一九〇〇年）

庄社名稱	族群	胡傳資料[15]	田代安定資料	說明	人口
擺那擺社	阿美族	✓		在埤南北20里	男、女共317人，正、副社長月領三、二圓。
北絲鬮社	阿美族	✓		在埤南北25里	男、女共549人，正、副社長月領五、三圓。
吧那叭社	阿美族	✓		在埤南北26里	男、女共254人，正、副社長各月領三圓。
務祿干社	阿美族 卑南族	✓		在埤南北30里	男、女共223人，正、副社長月領三、二圓。
義安庄（又稱萬安庄[16]、大埔庄）	漢人	✓	✓	在埤南北65里（指萬安庄、新開園，非義安庄）	胡傳資料[17]：共72戶，男、女共361人。田代安定資料：24戶，129人。
埔尾社（舊）	阿美族		✓	日治時期：大埔尾	11戶40人。
撫	阿美族		✓	日治時期：大埔尾	21戶84人。

資料來源：筆者整理。

墾，黯然移出。

直到日治時期，才有了改變。日本會社取得臺灣總督府的放領同意，鹿野地區展開另一波的墾殖移民。但重啟的墾殖，已獲得臺灣總督府的安全保障，以及日本會社投入的各種基礎設施。鹿野地區在系統性規劃建設與政策支持獎勵移民上，與清領時期的移墾有了明顯的區別。

註：

1. 江美瑤，〈開發篇〉，《鹿野鄉志．上》（臺東：鹿野鄉公所，二〇〇七），頁二三六～三七。
2. 陳宏維，〈黃金變雞肋──荷蘭東印度公司眼中的東臺灣〉，吳翎君主編，《後山歷史與產業變遷》（花蓮：國立花蓮教育大學鄉土文化系，二〇〇八），頁二八。
3. 林玉茹，《臺東縣史──地理篇（第一章：沿革）》（臺東：臺東縣政府，一九九九），頁一三。
4. 陳宏維，〈黃金變雞肋──荷蘭東印度公司眼中的東臺灣〉，吳翎君主編，《後山歷史與產業變遷》（花蓮：國立花蓮教育大學鄉土文化系，二〇〇八），頁二九。

5. 臺東縣政府，《臺東史誌》。網址：www.taitung.gov.tw 最後瀏覽日：二〇一八／一〇／十三。

6. 山口政治，《東臺灣開發史──花蓮港とタロコ》（東京：中日產經資訊（株），一九九九），頁六〇。

7. 沈葆楨，〈臺地後山請開舊禁摺〉《福建臺灣奏摺》（同治十三年（一八七四）十二月初五）。

8. 此時漢人商、漁民等仍由西部前往後山貿易，後山崇爻各社納「番」餉，即是後山一帶各社仍屬「理番同知」管轄的證明。這種貿易方式是清政府實施封禁政策後，唯一可以容許的原漢在後山貿易的方式。久而久之，遂有漢人透過此種管道，前往後山墾殖發展。參考王世慶，《臺東縣史──開拓篇》（臺東：臺東縣政府，二〇〇一），頁四六。

9. 沈葆楨，〈請移駐巡撫摺〉《福建臺灣奏摺》（同治十三年（一八七四）十一月十五日）。

10. 光緒元年（一八七五），「臺灣府南路撫民理番同知」成為清政府在臺灣東部正式設立的地方政府，因設置於卑南，所以又稱之為「卑南廳」或「南路廳」。首任同知為袁聞柝。參考：李文良，〈戰前地方行政組織及其沿革〉《臺東縣史——政事篇》（臺東：臺東縣政府，二〇〇一），頁一九。

11. 邵偉達，〈清代開山撫番下後山的駐軍、移民及聚落〉。吳翎君主編，《後山歷史與產業變遷》（花蓮：國立花蓮教育大學鄉土文化系，二〇〇八），頁三八。

12. 胡傳，一八九四，《臺東州采訪冊》，（詹雅能點校，二〇〇六，臺北：文建會，清代臺灣方志彙刊第三一冊）。頁三六八。

13. 林玉茹，〈沿革〉《臺東縣史——地理篇》（臺東：臺東縣政府，一九九九），頁一七。

14. 邵偉達，〈清代開山撫番下後山的駐軍、移民及聚落〉。吳翎君主編，《後山歷史與產業變遷》（花蓮：國立花蓮教育大學鄉土文化系，二〇〇八）頁四〇。

15. 胡傳，一八九四，《臺東州采訪冊》，（詹雅能點校，二〇〇六，臺北：文建會，清代臺灣方志彙刊第三一冊）。頁三四八～三五〇。

16. 田代安定將義安庄誤認為「萬安庄」，但「萬安庄」位於今池上鄉。

17. 胡傳資料中把「新開園」及「萬安庄」合併統計（在今池上鄉），卻沒有義安庄的記載，但提及鹿寮埔有新招墾荒地，民番約五十戶，可能指「義安庄」；位於鹿寮溪與加拿典溪之間的平原地區聚落。田代安定資料為「義安庄」的人口戶數與族群。

2 日治・和民・荒地開

島內移民於昭和時期開始移住鹿野，
在內地移民村附近開墾，
甚至逐漸融入移民村。
後來的島內移民取代了內地移民，
墾民使用或擴大原來的墾殖區與水利設施，
延續了鹿野移民村聚落的生命。

日治時期的墾殖政策

土地所有權的歸屬，關係住民的生活與統治建構，對統治者而言，土地管理是行使治理的基本工具。

確定土地所有權

明治二十八年（一八九五），日人據臺後隨即展開規範土地所有權的歸屬，臺灣總督府發佈「官有林野及樟腦製造業取締規則」，第一條即規定「無足以證明所有權之地契、或無其他確據之山林原野，概為官有」。因此，無法提出對清政府繳稅的墾殖土地，以及提不出「緣故關係[1]」以證明墾殖關係的土地，大多都被臺灣總督府以「官有」原則予以沒入。日本還在後山官有土地劃設「指定內地移民豫定區域[2]」，為未來的移民墾殖預做準備。

矢內原忠雄認為，確定土地所有權是臺灣資本化以及日本征服臺灣的必要前提與重要的基礎工程[3]。臺灣總督府取得大量土地後即訂定相關法規，招募內地與本島移民，藉由墾殖興利政策，由墾殖移民來開發原野莽林。

「另類」官營移民

日治初期，鹿野地區的墾殖活動並無太大進展，主要原因是當時的臺東撫墾局（一八九六年設置）將後山地區的平地與山地都列為「蕃地」，而墾殖移民在劃為蕃地的區域大受影響，沒有太多的移民活動。直到後山地區的平地劃為「普通行政區」，官有地、民有地的權屬也劃分確定後，才鼓勵內地資本家前往投資，藉此帶動移民墾殖以及相應的內地或島內移民政策[4]。

鹿野地區的墾殖也受此影響，然而在這段「後山墾殖空窗期」內，花蓮港廳發生「七腳川事件」，日人為隔離七腳川（後來設置吉野村）地區的南勢阿美族人，便於明治四十二年（一九〇九）強制遷移一二〇戶約三四九人至鹿野地區，新墾區稱為「新七腳川社」。新七腳川社的阿美族人「被移民」，形成鹿野地區第一個「另類」的「官營」移民村。

勤務管理不周引發七腳川事件

「七腳川事件」發生於明治四十一年（一九〇八）十二月，起因為阿美族人對隘勇管理的不滿。

威里[5]（ウイリー）事件（一九〇六年）後，日人增設北埔隘勇線，隘勇線沿用清領時期的隘勇設施，但增設高壓電流、地雷、野戰火炮與電話線的現代化阻絕設施，一為封鎖原住民下山侵擾，二為警戒線，防止各部族互相串連圖謀反抗，以強化防務功能。

威里事件後，新增的隘勇線為威里線，另一線為巴托蘭（バトラン）線，各配置一二〇名及八十名隘勇看守。隘勇人力來自南勢阿美族人，由於排班值勤未考慮隘勇居住遠近、作息、狩獵時間等，引起族人強烈不滿。

明治四十一年（一九〇八）十二月，十九名七腳川社（チカソワン社）隘勇因不滿服勤管理而逃逸，最後以南勢阿美族為主的七腳川社結合泰雅族的巴托蘭社發動抗爭，計有二，二四五人參與。

面對大規模的抗日行動，花蓮港支廳一時難以控制，森尾臺東廳長親率三八四名警察與隘勇組成討伐隊前往支援，臺北、桃園方面的軍、警隨後經海、陸前往馳援，戰事直到明治四十二年（一九〇九）二月才結束[6]。

七腳川事件結束後的重要行政處置之一，就是移居部分南勢阿美七腳川社人至臺東廳關山郡的「大埔尾」原野地[7]，建立一個墾荒型的聚落「新七腳川社」。

由於大量南勢阿美族人的移入，日方開始注重大埔尾原野的經營。大正八年（一九一九），新七腳川警察派出所改稱「大原村警察派出所」，轄區包含今鹿野地區鹿寮溪以北之地及關山鎮月眉。

臺東製糖株式會社也在大正七年（一九一八）設置大原事務所，專營蔗糖事業的推展，新七腳川成為鹿寮溪溪北的行政中心。

不過，新七腳川社長年面臨布農族出草的威脅，阿美族頭目被殺後，人口急速減少，到了大正十四年（一九二五），居住此地的阿美族人竟然僅剩一戶一人。又因大正十五年（一九二六）臺東線鐵路全線通車，發展重心於是移到大原（今瑞源村），新七腳川社地逐漸成為島內漢人與客家移民聚集之地[8]。

表三　臺東廳移民適地調查　　單位：甲

原野名	新村名	水田	旱田	原野	山林	建地	池沼	總計
新開園	池上村	38.3	57.5	2,209.6			57.3	2,458.5
鹿寮	鹿野村	41.9	169.6	1,639.3				1,850.8
呂家	旭村	22.2	961.8	1,476.0		0.9		2,460.9
知本	美和村		96.1	331.9				428.0
大埔尾	大原村	54.0	900.0	865.8		126.7		1,946.5
加路蘭	富原村			2,517.8				2,517.8
總計		156.4	2,185	9,040.4	309.0	127.6	57.3	11,883.2

資料來源：張素玢，2001，表 3-1。

官營移民村從東臺灣開始

臺灣總督府推動內地移民始於明治四十二年（一九〇九）的「移民適地調查」，調查完成後，選定花蓮港廳九處、臺東廳六處等共十五處為內地移民臺灣的試驗地，正式啟動內地「官營移民事業」，當時臺東廳被選定的移民村之調查資料如表三。

明治四十三年（一九一〇），「花蓮港廳蓮鄉荳蘭移民指導所」成立，德島第一批移民落腳於「吉野村」，這就是臺灣官營移民的開始。同年，臺東廳呂家原野地（馬蘭社）也設置「卑南移民指導所」，預定在該地建設旭村移民村，但旭村規劃的範圍圈占原住民土地，引起原住民不滿，於明治四十四年（一九一一）爆發「成廣澳事件」，由於臺東廳原住民民情不穩，臺灣總督府暫時擱置臺東廳的移民計畫[9]。

移民村委外經營

大正六年（一九一七），臺灣總督府以經費不足為由，停止官營移民事業，並將移民計畫的重點由花蓮港廳移至臺東廳，改採民營方式進行，原先規劃的旭村、鹿野、鹿寮村等內地移民村委由臺東製糖株式會社繼續經營[10]。

臺灣總督府又頒布「移民獎勵要領」，鼓勵私營移民[11]，同樣以委託臺東製糖株式會社的方式來進行。獎勵要領如下：

㈠發給臺東製糖廠移民保護金，製糖移民涵蓋：⑴旭村三十戶，約五十名；⑵鹿野村（今龍田村）一百五十戶，約四百名；⑶鹿寮（今永安村下鹿寮）三十戶（一九一八年三月），明年可增加至五十戶。

㈡旭村、鹿野村的移民保護金從大正七年（一九一八）起發放，鹿寮則從大正八年（一九一九）起發放。

官方擱置官營移民計畫前，臺東製糖株式會社早在大正四年（一九一五）就開始招募短期移民，在原官方移民規劃地建立鹿野村、旭村、鹿寮村等移民村。日本官方於大正六年（一九一七）正式廢止官營移民，翌年（一九一八）鼓勵私營移民以取而代之，在宣布私營移民政策同時，也宣布補助臺東製糖株式會社的移民，並對全國居民招募[12]。

臺東製糖株式會社看好第一次世界大戰後歐洲糖價高漲，認為有利於在臺灣設置製糖廠，從大正五年（一九一六）至大正八年（一九一九），轉而招募永住移民，為臺東廳私營移民之始。

臺東製糖株式會社

臺東製糖株式會社前身為「野田製糖廠」，創立於大正二年（一九一三）二月，籌設初期資金三五〇萬元，由於投資龐大，製糖率不佳，又逢一次世界大戰結束，消費力消退，製糖產業飽受經濟不景氣之累，會社經營始終未見好轉。

東糖分而復合

臺東製糖株式會社於大正九年（一九二〇），拆成「製糖」與「拓殖」兩個部分，新公司為「臺東開拓株式會社」，大正十年於臺東街成立，專責移民開墾與運輸事業，希望事業分割後可以擴大投資，引進資本以挽救臺東製糖株式會社瀕臨破產的窘境[13]，但兩個會社最後還是在昭和十二年（一九三七）合併。

濱田隼雄《南方移民村》一書[14]描述了臺東製糖株式會社設立的原因及初期的發展狀況。

> 三五〇萬元是大資本，但並非在三井、三菱庇護下的公司，而是內地小資本家趁著砂糖景氣，可以說是把殖民地利潤的一小部分轉給的新建公司。……以為用附近的本島人和住在山地的原住民勞力，便大略可以開墾，過於樂觀的盤算。可是實際開始後，附近的本島人僅有少數，原住民則從狩獵時代剛剛移行農業經濟，幾乎不知貨幣的價值，缺乏賺工資的慾望。……而且搬運原料用的鐵路設施又不得不投

注莫大的資本，公司為了善後之策狼狽不堪[15]。

從短期打工到永住移民

為了繼續經營，臺東製糖株式會社必須調整先前過度樂觀的評估，其中最關鍵的問題莫過於人力短缺，為此，常務理事丸井大二郎[16]提出「移民墾殖」。他的構想是先從日本新潟縣招募同鄉農民，在冬天無法耕作的農閒時期來臺灣短期打工，待其適應本地生活，再行招募「永住移民」。鹿野有幾個被指定為候選開墾的原野地，後來便成為臺東廳境內私營移民村的濫觴。

在丸井大二郎的故鄉雪國，一到冬天田地完全無法耕作，於是農民前往北海道從事季節性打工。他打算讓故鄉的農民來臺灣打工，冬來春回，剛好十二月到三月是臺灣的製糖季節，一樣是打工，溫暖的臺灣比寒冷的北海道好多了，交通費雖然高，但多付出一些也無妨。兩、三年下來，農民習慣臺灣的土地，漸漸有人決心定居，就可以建立專屬於公司的移民村[17]。

臺東製糖株式會社的策略短期內就有成果。第一批移民首先開墾鹿野村（今鹿野鄉龍田村），其後開墾鹿寮。下頁表四列出鹿野鄉兩個主要的私營移民村於日治時期的日本移民狀況。

由表四可知，大正九年（一九二〇）是鹿野移民的關鍵時間，因社務與財務經營不善，許多來自日本的內地移民，在臺東製糖株式會社一分為二時選擇離開。鹿野村由一一四戶減少為八十四戶，一年移出了三十戶；大正十二年（一九二三）再減為五十六戶。鹿寮村也由二十七戶減為二十戶，大正十二年（一九二三）再減為十二戶。從「人／戶」分析也可得知，移民村形成之際每戶人口約僅三至四人，此時多為年輕移民家庭，是否全家移民尚未完全確定，而後期留下來的移民每戶大約六至七人，顯示移民的第二代已在鹿野移民村落地生根。

移民的重重挑戰

選擇留在鹿野的移民必須面對各種挑戰，《臺灣日日新報》在移民村建立初期即有相關的報導：

表四　鹿野村、鹿寮村私營移民村之移民狀況

年代／移民村	鹿野（龍田）		鹿寮（永安）		人／戶	
	戶數	人口數	戶數	人口數	鹿野	鹿寮
大正 6 年（1917）	100	388	30	89	3.88	2.97
大正 7 年（1918）	142	417	30	125	2.94	4.17
大正 8 年（1919）	143	547	30	112	3.83	3.73
大正 9 年（1920）	114	463	27	102	4.06	3.78
大正 10 年（1921）	84	369	20	90	4.39	4.50
大正 11 年（1922）	66	287	17	86	4.35	5.06
大正 12 年（1923）	56	248	12	64	4.43	5.33
大正 13 年（1924）	53	246	12	56	4.64	4.67
大正 14 年（1925）	53	255	12	55	4.81	4.58
昭和 1 年（1926）	54	263	12	57	4.87	4.75
昭和 2 年（1927）	54	271	12	57	5.02	4.75
昭和 3 年（1928）	55	275	12	57	5.00	4.75
昭和 4 年（1929）	54	277	10	51	5.13	5.10
昭和 5 年（1930）	54	278	10	51	5.15	5.10
昭和 6 年（1931）	49	272	7	49	5.55	7.00
昭和 7 年（1932）	49	272	7	50	5.55	7.14
昭和 8 年（1933）	49	272	7	50	5.55	7.14
昭和 9 年（1934）	49	272	7	50	5.55	7.14
昭和 10 年（1935）	49	275	7	50	5.61	7.14
昭和 11 年（1936）	48	287	7	50	5.98	7.14
昭和 12 年（1937）	48	292	7	50	6.08	7.14
昭和 13 年（1938）	48	304	7	46	6.33	6.57
昭和 14 年（1939）	45	289	6	38	6.42	6.33
昭和 15 年（1940）	45	253	6	40	5.62	6.67
昭和 16 年（1941）	37	234	6	40	6.32	6.67
昭和 17 年（1942）	31	172	6	38	5.55	6.33
昭和 18 年（1943）	28	167	6	38	5.96	6.33

資料來源：筆者整理自江美瑤，〈開發篇〉《鹿野鄉志（上冊）》表 3-5、鄭全玄，1995《臺東平原的移民拓墾與聚落》，表 13。

自大正四年（一九一五）一月以來，移民人數達一五〇〇人，分散於鹿野村一百戶，旭村二十二戶，因移民日短，成果如何尚難定論，但墾民半年可以獲得三十圓至一百圓的收入，可以達到原先預期目標。短期移民墾殖者可以自由參加，並有會社支付往返旅費。永住移民除了簽訂與臺東製糖株式會社的工作契約，每戶未來可以分得一甲五分地以從事農耕。但是此地的風土病（主要是瘧疾），衛生設施之改善，成為內地移民是否繼續成長之重要因素[18]。

除了自然條件，人力短缺一直困擾臺東製糖株式會社與鹿野移民村的發展。《臺灣日日新報》於大正八年（一九一九）的報導揭露了有地卻無人墾殖的困境：

臺東製糖株式會社鋪設了二十四里鐵路，連結卑南及新開園。此地農民大都為原住民，只有少數的本島人。可耕地很多，但缺乏勞動力。農業在初期發展中，水利設施、交通運輸亟待加強[19]。

鹿野私營移民村的結束

截至二次世界大戰末期的昭和十八年（一九四三）為止，鹿野村的內地移民僅剩二十八戶，一六七人，鹿寮村則僅剩六戶三十八人。

挫敗的私營移民事業

臺東開拓株式會社成立後，鑑於內地移民困難，便開始招募本島墾殖移民，同時注重水利設施，而向臺灣總督府申請補助，然而洪水天災沖毀水圳，或工程需要大量人力物力，因此修築水圳並非易事。

鹿野圳和大原圳原計畫於大正十二年（一九二三）修築，卻因工事費用大增而延後，只好修建寸雲圳（六十甲）等灌溉面積較小的水圳。然而這些水圳灌溉面積有限，又常被洪水沖毀，使得移民謀食困難而離散，不然就是負債累累生活貧苦，會社又與移民立約規定三甲以上土地其中三分之二必須種植指定作物甘蔗，移民的日常糧食因此無法自給自足。此外，土地墾成後的讓售無明確期限，所有權的獲得與土地的轉售期限太長，種種困境導致移民數量逐年遞減，臺東製糖株式會社的私營移民事業可說不太成功[20]。

內地移民希望落空

濱田隼雄在《南方移民村》也描述了鹿野移民村的狀況。移民靠著向會社借貸過活，若不借錢，或不寄望可以分到土地所有權，恐怕有更多移民打道回府。

「向公司的借款多得無法動彈嗎？」「到現在大概是一家將近五百元，但將成為拖到以後的問題。公司的作法顯然不考慮後果。公司稱這是原料採取區域制度，借法律之力以確保原料這樣還不夠，還要以耕作資金前貸來加深公司與農民的關係，任何公司都有這樣的做法。但這種前貸的用途，一般都用在肥料費，或購買水牛，或田地上所需要的為主，可是這裡的情形卻幾乎全是借錢來買三餐要吃的米吧？在種甘蔗之外，讓他們種一些陸稻也好，使他們的耕作生活上有必須的糧食，若糧食都無法自給，那一切都是空談。糧食能夠自給才是移民能生存的關鍵。而至今日公司對這方面的問題幾乎不聞不問。說一句難聽的話，好像公司方面是以為農民過於熱心種植糧食，會少種甘蔗使收穫量減少，有這種意識似的。[21]

「一群日本東北的農民，被規模不大的製糖資本公司招攬來，在這南方的島上以被開拓剩下的，與蕃地接壤的偏僻地方，好不容易定居下來，抵抗著曬透身體的亞熱帶太陽、感染瘧疾的發燒發冷、狂風暴雨的颱風，抵抗著連頭腦的蕊都會沸騰的熱風，眼看著村子的態勢即將具備時，卻遭逢糖業不景氣的恐慌吹襲，村民離散，僅殘留當初三分之一人數的零落村子。村民努力恢復生機，雖然未能如官營移民村那樣受到總督府優厚的保護，村民自立更生的挽回走下坡之勢，國分的努力首先著手水田的問題，其努力無效，由於國分的死村子再度沉淪。於是先從精神振作起，接著建野獸欄和移入大莖種甘蔗的種植，珪介和嘉兵爺再度投入水田問題的艱苦奮鬥，只突然使兩人疲憊，如今依然是缺水村，而且工作力旺盛的中間層年輕人離開村子，應召到前線去作戰。移民經驗將近三十年，如今的結論是只有移村才能得救……。」[22]

從大正四年（一九一五年）到昭和十八年（一九四三年），鹿野地區臺東製糖株式會社及臺東開拓株式會社致力經營私營移民村，回顧近三十年的發展歷程，《南方移民村》一書多有所描述，有人滿懷夢想來臺灣尋求新天地，有人與會社發生金錢糾葛，當然也有人在原野與大自然奮力搏鬥。

日本內地移民因種種因素無法久住鹿野，島內移民卻於昭和時期開始移住其間，在內地移民村附近開墾，甚至逐漸融入移民村。可以斷定的是，後來的島內移民取代了內地移民，新加入的墾民使用或擴大原來的墾殖區與水利設施，延續了鹿野移民村聚落的生命。

註：

1. 指清領時期居民若有耕作事實，但有耕作事實卻無法取得證明者，得承認其對於土地的「緣故關係」。
2. 內地指日本，豫定區域為計畫區域，指定為開放給日本本國移民的開墾區域。
3. 矢內原忠雄認為土地所有權之認定，保障土地交易與持有，而土地可以產生經濟利益，是資本家願意投資的重要誘因。參見矢內原忠雄著、林明德譯，《日本帝國主義下的臺灣》（臺北：財團法人吳三連臺灣史料基金會，二〇〇二），頁三五～三六。

4. 江美瑤，〈開發篇〉，《鹿野鄉志．上》（臺東：鹿野鄉公所，二〇〇七），頁二四六。

5. 依據安倍明義的考證，威里以泰雅族語即為「蛭」。因其周邊水池之地潮濕，多產水蛭，故得名。為現在的「佳山」。參考山口政治，《東臺灣開發史》（東京：中日產經資訊（株），一九九九），頁九二，註二。

6. 山口政治，《東臺灣開發史》（東京：中日產經資訊（株），一九九九），頁八三～八九。

7. 為現在的鹿野鄉瑞豐村新豐。

8. 趙川明等，《日出臺東——縱谷文化景觀》（臺東：臺東生活美學館，二〇一一），頁二二〇～二二一。

9. 張素玢，《臺灣的日本農業移民——以官營移民為中心》（臺北：國史館，二〇〇一），頁五七～五八。

10. 鄭全玄，《臺東平原的移民拓殖與聚落》（臺東：東臺灣研究會，一九九五），頁五二。

11. 《臺灣日日新報》，〈獎勵民辦移民〉，（大正七年（一九一八）三月十日，第二版）。

12. 《臺灣日日新報》，〈官營移民廢止——私營移民獎勵〉，（大正七年（一九一八）四月三日，第二版）。由於先前的短期蔗田墾民以新潟縣居民為主，但其縣民大都已移往「伯剌西爾」，加之以因第一次世界大戰產業供需勃興，國民移墾興趣不高，故在獎勵私營移民上，擴大對全國國民來招募。

13. 《臺灣日日新報》，〈今期製糖會社巡り（一〇）今期の產糖量高は　結局一千六百萬擔か　臺東糖の將來は多望〉，（昭和十三年（一九三八）一月三十日，第二版）。

14. 本書為日治時期內地農業移民臺灣最具有代表性的著作。書中描述了日本東北地方，一群沒有土地的窮苦農民，移民到臺灣東部臺東製糖株式會社所在的移民村，在惡劣荒蕪的土地上，從事甘蔗的栽培，在臺灣移民扎根的辛苦情形。作者為一信奉「寫實主義」的作家，本作品被視為「報導文學」的重要讀本之一。

15. 濱田隼雄著，黃玉燕譯，《南方移民村》（臺北：柏室科技藝術，二〇〇四），頁三九。

16. 《臺灣日日新報》，〈今後の移民問題〉，（大正五年（一九一六）九月二十八日，第二版）。根據《臺灣日日新報》，「臺東製糖株式會社」專務丸田治太郎，招聘家鄉三百多名農民進行短期的蔗園拓墾工作。負責招募的人與職位與濱田隼雄在書中所述不同，《南方移民村》乃為「報導文學」作品，作者隱去其真實姓名。相同之處書中所稱之神野珪介醫師，實為神田全次醫師。本書第三章第二節詳細介紹了神田全次醫師的生平事蹟。

17.濱田隼雄著，黃玉燕譯，《南方移民村》（臺北：柏室科技藝術，二〇〇四），頁四〇。第一批「季節性移民」共有二二八人，在一九一五年來到臺灣。船票、火車票、糧食全由公司負擔，工作還另外領有薪資。季節性移民配合此地的製糖作業，工作由十二月到隔年的四月。

18.《臺灣日日新報》，〈臺東移民狀況——私營移民の試み〉，（大正五年（一九一六）十二月二十三日，第一版）。

19.《臺灣日日新報》，浦田武雄，〈臺東開拓さ其產業——緒言〉，（大正八年（一九一九）一月一日，第五一版）。

20.江美瑤，〈開發篇〉，《鹿野鄉志・上》（臺東：鹿野鄉公所，二〇〇七），頁二五二。

21.濱田隼雄著，黃玉燕譯，《南方移民村》（臺北：柏室科技藝術，二〇〇四），頁六三。

22.同上，頁二八八～二八九。國分因治水而身亡，他是會社派遣來鹿野村（今之龍田村）擔任「指導員」的工作，指導鹿野村居民農業技術的發展。珪介是會社聘任而來擔任鹿野村的醫生。他是本書中的主要人物，守護移民村的醫療與發展，扮演著移民村中很重要的角色。參考：林雪星，二〇〇九，〈濱田隼雄的南方移民村裡的知識份子表象——以醫生神野珪介為主〉《東吳外語學報》（二九）：六一～八〇。

3 神社・役場・小學校

主幹道大通，
串起上坪、宮前、中坪、下坪四區，
會社事務所、醫務室、神社、青年會館、
學校、托兒所、自來水水道、煤油燈路燈、
風呂、牛水飲溜池、火見の櫓，
一應俱全，
是當時臺東廳轄內規劃最完善的社區之一。

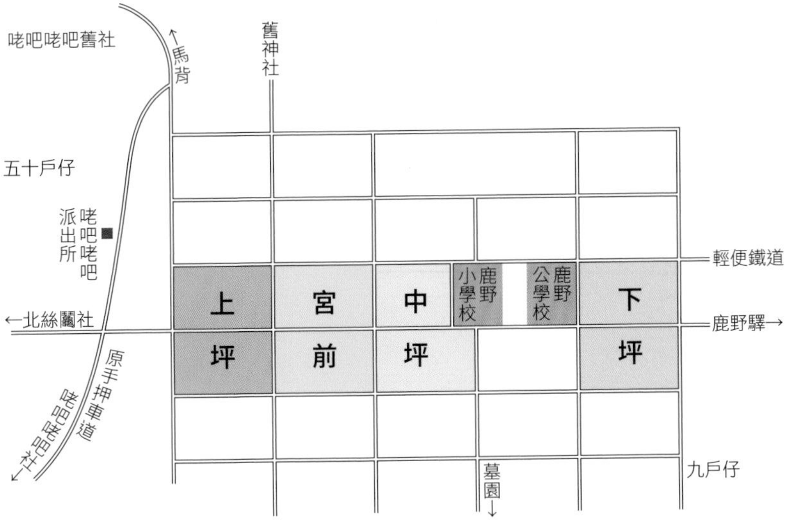

鹿野村示意圖。

龍田是個移民村……

日治時期，當局將鹿野村（今龍田村）規劃為移民村，並以此為後續發展建設的方向，這項歷史因素使得龍田村成為如今臺東縣境內最具日本殖民風情的村落。

大正四年（一九一五），日本新潟縣短期蔗田墾殖工人首次移入鹿野村開墾。除了蔗工，這批短期墾民中還有木匠、泥水匠等專業人士，他們主要的工作就是在鹿野村興建家屋、修築道路，為移居地的建設做準備。鹿野村的整體規劃是集村式聚落，一方面生活設施集中，另一方面居家各自獨立，耕地則圍繞著居住地，且劃設成棋盤狀，兼具生產效率與生活機能充分發揮的優點。

鹿野移民村規劃完善

鹿野地區由中央山脈向海岸山脈伸出的連續河階所形成，西高東低，龍田村即位於高位河階。

鹿野村的規劃乃順應自然地勢，由西而東分為四個區域，分別為上坪（最高處）、宮前、中坪、下坪，今光榮路（大通）貫通並連接四個區域，醫務室、青年會館、會社事務所、學校等行政機關位於大通兩側，且集中於中坪、宮前；住宅則分布於上坪與下坪的大通兩側。

整個移民村的公共設施一應俱全，有

光榮路上留下少數幾棟的日治時期民居。

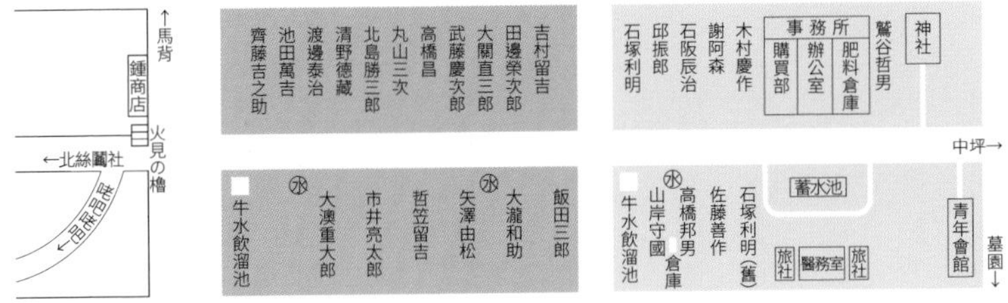

上坪及宮前示意圖。

道路、自來水水道、煤油燈路燈、風呂（公共澡堂）、牛水飲溜池（牛隻飲水池）、神社、火見の櫓（防火瞭望臺）……等，是當時臺東廳內規劃最完善的社區之一[1]。

龍田村的生活空間很舒服。龍田有七百公頃，發展空間很大，道路在日治時期就已規劃完善，中央主要道路為東西向的「光榮路」，北有北一、北二、北三，南有南一、南二、南三，此外東西向道路還有榮一、榮二、榮三、榮四、榮五。道路圍起一個個棋盤狀方格，每個方格有五公頃大，除了光榮路兩側，其它都是居民的耕地。耕地與居住地融合，機能、舒適兼具，一直到現在為止，整體的空間發展潛力還是相當大[2]。

住宅區的規劃也別具特色，每戶住宅用地約一．四分（四百二十坪），住宅建築用地約二十坪，房屋四周種植蔬果或飼養家畜。

家屋為日本農村傳統的四垂式木構建築，屋頂覆蓋茅草，內為高架寢室，有榻榻米房兩間，以及無鋪面的「土間」，是日常起居、烹煮食物及堆放雜物之處[3]。

鹿野移民村興建後，由於製糖業興起，臺東製糖株式會社為吸引島內移民，於大正十一年（一九二二）在鹿野村西北側建築移民家屋五十戶，開放本島農民移住，形成「五十戶仔」聚落。不過，「五十戶仔」的島內移民成效不佳，因為與鹿野村的行政中心距離較遠，生活機能與設施也比不上內地人（日本人）的移民村，一段時間後，「五十戶仔」的居民就遷往鹿野村東南方，逐漸形成一個新的漢人聚落[4]。

鹿野神社今昔

既然是移民村，神社自然成為日本移民者心靈寄託之地，當然也是龍田村最重要的地標。鹿野神社位於龍田村宮前區，青年會館對面，臺東製糖株式會社事務所旁，所在位置是全村的中心地帶，站在神社入口的鳥居前，遠望卑南溪對岸的都巒山海岸山脈，視野遼闊，令人心曠神怡。

鹿野神社由臺東製糖株式會社出資，鹿野村的日本移民義務修建，大正十二年（一九二

鹿野神社可遠眺都蘭山。

三）七月十日鎮座，建於龍田村北方靠近馬背附近的山腳下（舊神社）。昭和六年（一九三一）十一月十三日遷到現址。

神社供奉日本「造化三神」（大國魂命、大己貴命、少彥名命）及能久親王，希望能協助移民村的居民開拓墾地，並在國土經營上有所成就。神社重要的祭典日為紀元日、祈年祭、天長節等。每逢祭典日，除了內地移民，村內的公私機關如區（庄）役場、派出所、會社事務所、小學校、公學校職員師生等都要參加，原住民部落的青年會、婦女會等成員也必須參與祭拜，本島人則不強迫參拜，但必須參與神社的清潔維護工作，否則會受到警察處罰[5]。

戰後，神社基座上的木製神龕年久失修，逐漸傾頹損壞，當地居民決定拆除神龕，在基座上面興建涼亭。幾年前，在社區營造工作的推動下，龍田居民有意恢復日治時期移民村的風采，首先選定象徵移民村精神的日本神社來進行。神社的重建當然是龍田社區的大事，但是否把日治時期留下來的「基座」打破移除，神社的神龕內是否再供奉「神明」，成為大家討論的重點。

最後的決定是「保留」從日治時期存留下來的基座，神龕內不安奉神明。原先的基座非常堅實，歷經近百年而不壞，應該予以保留，基座上方重建一個沒有神明的木製神龕，以符合日本神社的原貌，可惜在重建過程中，神社前特有的植物森氏紅淡比卻逐漸凋萎死亡[6]，少了森氏紅淡比，神社參拜的氛圍大受影響，神社前的「洗手臺」也因經費問題，未能引水，十分可惜。

一條蛇促生托兒所

中坪地區是龍田村的文教區，有鹿野公學校、鹿野公學校實習農場、鹿野小學校、鹿野小學校實習農場及托兒所、校長宿舍等。「鹿野尋常高等小學校」前身為「鹿野尋常小學校」，建於大正六年（一九一七），為當時臺東廳轄內設立的第四所「小學校」，由於鹿野地區重要性日增，創校一年後即於大正七年（一九一八）升格。

鹿野尋常高等小學校托兒所。

內地移民大量移居鹿野村，為了協助鹿野村民保育子女，提高農民的生產勞動力，讓開拓蔗田的農民無後顧之憂，愛國婦人會臺東支部[7]特別在鹿野尋常高等小學校開辦「托兒所」，為日治時期臺灣設置托兒所的先聲[8]，《南方移民村》對托兒所的成立有所記述，而促成此事的主要人物就是神田全次醫師。

有一天，在路上鋪著的草席上玩耍的兩歲小女孩被蛇咬了，發高燒三天才撿回一命。村裡有許多小孩，學齡前的稚童超過三十個，而村子裡有半數人從四月起就得頂著

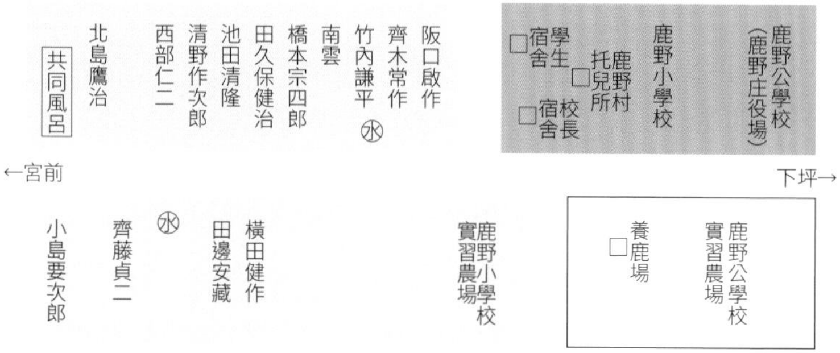

中坪及學校區示意圖。

大太陽在蔗園裡工作，不得不把小孩帶在身邊。為了提高生產力，也為了孩子的安全，「珪介」（神田全次醫師）不再猶豫，立刻著手籌設托兒所[9]。

神田醫師為了成立托兒所而拜訪臺東廳長，因為愛國婦人會理事長就是廳長夫人。由於神田醫師大名遠播，廳長又出身日本東北新潟縣，對神田醫師和鹿野村頗有好感，此事就在愛國婦人會與臺東廳長協助下順利完成。初期建築費（木造屋二十坪）與設施費共一千圓，每年五百圓經營費用，昭和三年（一九二八）鹿野村托兒所正式成立，首任所長由鹿野尋常高等小學校校長兼任[10]。

鹿野尋常高等小學校內的托兒所為「兩波流水」木構建築，民國九十四年（二〇〇五）獲臺東縣政府登錄為歷史建築。戰後的托兒所由龍田國小幼稚園接管，後來幼稚園遷至

日治時期區長宿舍所改建成的校長宿舍，如今為臺東縣歷史建築。
照片拍攝／徐弘明

新校舍，原建築閒置多年，木作部分已開始腐蝕。

老宿舍期待重生

鄰近的校長宿舍建於昭和五年（一九三〇），同樣是兩波流水木構建築，原為鹿野庄役場庄長官舍，光復後鹿野鄉公所遷至鹿野村，庄長官舍為鄉公所職員佔用，後來移撥至龍田國小管理才收回整建成校長宿舍[11]。由於缺乏整修經費，如今校長宿舍處於封閉狀態。

龍田國小校長宿舍已登錄為臺東縣歷史建築，再不整修就會蛀蝕崩

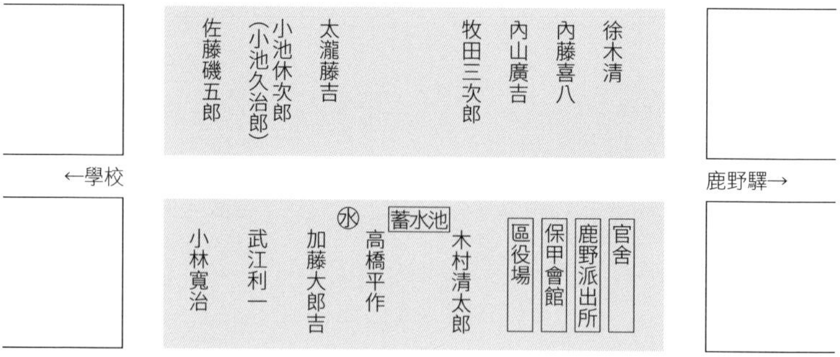

下坪示意圖（以上各區簡圖係根據林錦章、徐木清、山岸磯雄等人回憶而繪）

引用自《鹿野鄉志》

場。文化部一度撥下整修補助款，修繕古屋的師傅也找好了，卻少了地方政府的配合款，補助款只好繳回文化部。學校在管理上很麻煩，一方面沒有錢維修，另一方面已登錄為歷史建築的老屋，任何修繕都要報准，不能隨便亂修，非常麻煩[12]。

役場創意變身

位在下坪的鹿野區役場是臺東縣僅存的日治時期「區役場」[13]，也是臺東縣政府審查通過的歷史建築物。日治時期的區役場相當於現今的「村辦公室」，負責村內的道路、橋樑、建築、教育、商業、產業，以及環境衛生等工作。

昭和十四年（一九三九），鹿野公學校遷至鹿野驛

鹿野區役場。　照片拍攝／徐弘明

附近，庄役場遷至公學校舊址，原區役場改為官舍。第二次世界大戰結束後，區役場建築物由鹿野鄉公所接管做為鄉公所宿舍，由於所在土地原屬臺東製糖株式會社所有，在戰後接收過程中產權轉交給臺灣糖業公司[14]。

鹿野區役場建於大正十一年（一九二二），總建築面積九十五平方公尺，屋頂為四垂式木構造，四周牆壁為鋼筋水泥，內部隔間為竹編泥灰牆。建築物分為兩部分，西邊為區長官舍，面積四十七・七平方公尺，有玄關、和式房二間、廚房、浴室及廁所；東半部為水泥地面辦公室，面積四十七・三平方公尺[15]。後來幾經轉手，以及職員宿舍改建與加蓋，如今所見和原來的配置已大不相同。

接管區役場對鄉公所來說是一種負擔，每年要支付租金，還要維修房舍，鄉公所為了避免麻煩，有意拆屋還地。為了搶救歷史文物，當地文史工作者努力奔走，發起保留區役場為臺東縣歷史建築，通過縣政府認定後，再遊說鄉公所以象徵性的一元售予「龍田蝴蝶保護協會」，再由其募款，以支應必須繳付臺糖的土地租金[16]。

若再度造訪鹿野區役場，它將會是龍田藝文活動的空間，有異國風情的咖啡廳、藝文創作展示區和小農產品展售區。

鹿野慈父——神田全次醫師……

一九二〇年代的臺灣東部，衛生條件與設施都不佳，遠遠落後臺灣西部，往往一陣暴

鹿野車站（鹿野驛）尋求神田醫師救治的大門。

雨，草叢低窪地積水，瘧蚊滋生，散播瘧疾，患者發冷又發熱，成為內地移民最大的殺手。此外，孩童感染寄生蟲，導致營養不良，草莽野地恙蟲肆虐，大人因墾殖流落異鄉，酗酒成害，心情鬱悶不振，都對鹿野移民村村民的身心帶來莫大的威脅。

回春妙手來自北國

神田全次醫師，明治十一年（一八七八）生，神田家族是富山縣士族，明治二十一年（一八八八）遷居石川縣。明治二十四年（一八九一），神田全次進入石動病院附設醫塾，學習醫學，明治二十八年

（一八九五）結業。隨即進入東京濟生學舍深造醫術，明治三十二年（一八九九）以優異成績畢業，完成醫學訓練。

大正三年（一九一四），神田全次醫師來臺行醫，先落腳於打狗（今高雄市），大正十二年（一九二三）四月，應臺東製糖株式會社之聘，前來鹿野移民村醫務室擔任囑託醫師。

全人醫治視病如親

神田全次醫師醫術精良，更有一顆慈愛之心，視村民如親，只要時間允許，即使奔波鄰村夜間出診，也是披星戴月毅然前往。除了醫病，神田醫師更鼓勵村民戒除酗酒惡習，鍛鍊體魄，協助移民村成立「禁酒同盟」、「尚武會」，深獲村民愛戴與敬重。學者林雪星認為他以醫師的身份在移民村行醫多年，已經成為移民村的「精神導師」，在許多層面上引領村民提升生活品質[17]。

五十多戶竟然有三十個人，真是猖獗。托先生妙手回春，幾乎全得救了。若沒有先生，恐怕已經死了五、六人。……不，還有三個病情危險的，他們是小

下車步行前往龍田神田醫師診療室，爬上陡坡病就好了一半。

孩。他們發高燒，卻還能保持住，簡直不可思議。這兩、三天必須小心看護，不能疏忽大意。……池野村（另一個村，距離十六公里），有十個左右的病患，需要先生出診。……今晚，我這就去。我借自行車騎去，大概明天上午可以回來吧。總之，你打一通電話去，說我馬上動身[18]。

他的醫術醫德經由口耳相傳，求診的人數愈來愈多，影響所及，鹿野火車站附近一片繁榮景象，旅社、食館，生意興隆，還有人專門在車站、鹿野村醫務室之間接送病患，賺取車資。……當時民間流傳一句話：上到崁仔頂[19]，病就好一半。……行駛於花東線的火車上，有十分之六的乘客在鹿野站下車，病患南至大武，北至花蓮港，還有海線新港一帶前來求診，每天一百張號碼牌掛號，仍不敷使用[20]。

永遠記得鹿野慈父

神田全次服務的鹿野村醫務室位於宮前區，臺東製糖株式會社事務所正對面。物換星移，日治時期的「青年會館」已成

神田醫師的醫務室位於天主堂側後方位置。

為現在的天主堂，醫務室大約位於天主堂之側偏後方位置，木構建築已全然坍塌不見蹤影。曾經車水馬龍的就醫景象已不復見，對神田醫師的景仰與感念卻長存於鹿野民眾的心中。

臺東地區瘧疾蔓延，由於醫務室人手不足，且藥品缺乏，神田醫師必須親自到臺東街取回金雞那霜，有時候鐵路交通會因天候造成中斷，神田醫師就徒步回來。經過兩晝夜的路途跋涉，醫師不僅沒有任何怨言，回村後立即為病患診治，經常徹夜不就寢。有一次稻葉（今卑南鄉嘉豐村）村民深夜前來向醫師求援，原來是該村有位婦女難產；醫師立即帶領藥局生，提著燈籠越過卑南溪前往診治，不僅救回婦人一命，並且分毫不取，回到醫務室，天也大亮。醫師沒有片刻休息，馬上替久候的病患診治，「鹿野慈父」之名從此傳揚開來[21]。

註：

1. 趙川明，〈漢族篇〉《鹿野鄉志》，（臺東：鹿野鄉公所，二〇〇七），頁八九五～八九八。

2. 廖中勳先生口述，訪談者王鴻濬，民國一〇七年四月二十三日於臺東縣鹿野鄉永安村仙人掌工作室。

3. 趙川明等，《日出臺東縱谷文化景觀》（臺東：臺東生活美學館，二〇一一），頁二八七。

4. 趙川明，〈漢族篇〉《鹿野鄉志》，（臺東：鹿野鄉公所，二〇〇七），頁八九四。

5. 趙川明等，《日出臺東縱谷文化景觀》（臺東：臺東生活美學館，二〇一一），頁二九九。

6. 維基百科，最後瀏覽日：二〇一八／十一／二十五。森氏紅淡比（Cleyera japonica Thunb. var. morii (Yamam.) Masamune）是紅淡比下的一個變種，紅淡比原生於日本、臺灣、中國等，在日本神道中被視為神聖的植物，也是神社中常見的樹種。在龍田村神社旁的森氏紅淡比可能因褐根腐病或施工的關係而死亡。

7. 愛國婦人會於明治三十四年（一九〇一）創立於日本，主要目的在於慰問出征士兵、傷病軍人，以及對軍人眷屬的援助等。明治三十八年（一九〇五）在臺灣設立支部，救護對象擴及到「蕃人討伐及防蕃勤務」的警察。明治三十九年至大正五年（一九〇六～一九一六）年間，在臺灣的愛國婦女會可以設立「蕃產品交換所」，經營蕃產品的交易，以其利潤從事社會事業。請參考趙川明等，《日出臺東縱谷文化景觀》（臺東：臺東生活美學館，二〇一一），頁二九五。

8. 李雄飛、趙川明，〈文教篇〉，《鹿野鄉志．上》，（臺東：鹿野鄉公所，二〇〇七），頁五一七。

9. 濱田隼雄著，黃玉燕譯，《南方移民村》（臺北：柏室科技藝術，二〇〇四），頁一九九。

10. 同上，頁二九五。

11. 趙川明等，《日出臺東縱谷文化景觀》（臺東：臺東生活美學館，二〇一一），頁二九五。

12. 廖中勳先生口述，訪談者王鴻濬，民國一〇七年四月二十三日於臺東縣鹿野鄉永安村仙人掌工作室。

13. 昭和十二年（一九三七年），「區役場」改稱「庄役場」。

14. 趙川明等，《日出臺東縱谷文化景觀》（臺東：臺東生活美學館，二〇一一），頁二九六。

15. 鹿野區役場簡介，二〇一八，（龍田：鹿野區役場）。

16. 廖中勳先生口述，訪談者王鴻濬，民國一〇七年四月二十三日於臺東縣鹿野鄉永安村仙人掌工作室。

17. 林雪星，二〇〇九，〈濱田隼雄的南方移民村裡的知識份子表象——以醫生神野珪介為主〉，東吳外語學報（二九）：六一～八〇。

18. 濱田隼雄著，黃玉燕譯，《南方移民村》（臺北：柏室科技藝術，二〇〇四），頁一二〇～一二一。

19. 從鹿野火車站步行到鹿野移民村需要經過一段陡坡，坡上方稱之為「崁子頂」。就醫求診神田醫師的病患，能夠上了崁子頂，前往神田醫師的醫務室，就可以樂觀地指望病可痊癒。

20. 趙川明等，《日出臺東縱谷文化景觀》（臺東：臺東生活美學館，二〇一一），頁二八九～九一。

21. 趙川明等，《日出臺東縱谷文化景觀》（臺東：臺東生活美學館，二〇一一），頁二八九～九一。

4 初遇・修行・證嚴事

向著東方升起的朝陽，
遠望都蘭山的輪廓，
像極了一尊臥身於天際線的「臥佛」。
證嚴每日開啟廟門，
就望見遠方的臥佛，
歡喜之心油然而起。

崑慈堂——鹿野慈惠堂

早期居住在鹿野鄉龍田村村民有信仰「瑤池金母」者，都得前往寶華山慈惠堂祈神，往來兩地，交通耗時。民國四十七年（一九五八）一月二十日，當地村民林文定等人從寶華山迎請「瑤池金母」令旗奉祀。最初令旗奉置於林宅，但因為祈拜者日眾，原址不敷使用，於是信徒集資於今址建廟（位於日治時期的鹿野神社範圍內），並與媽祖合祀，名為崑慈堂。

崑慈堂奉祀的神明除了瑤池金母、天上聖母（媽祖），還有釋迦牟尼佛、玄天上帝、臨水夫人、中壇元帥等，充分顯示移民村民間信仰與宗教融合的特性，由於主神是民間所稱的「王母娘

崑慈堂供奉瑤池金母。

龍田文物館設在崑慈堂內。　照片拍攝／徐弘明

娘」，因此又稱王母娘娘廟。崑慈堂為花蓮慈惠堂系統，每年都須赴花蓮慈惠堂進香，所以也被稱為「鹿野慈惠堂」[1]。

記憶的起點：龍田文物館

崑慈堂在陳炳榕主委負責廟方業務期間，積極推動地方文史工作。幾年前與仙人掌工作室合作，設立「龍田文物館」，搶救與保護日漸稀少的龍田文物。文物館設在崑慈堂的「善房」，原來是放置神轎及祈神敬天的神器之處，現在也是遊客來到龍田村的必訪之地。

龍田文物館收藏了當地居民提供的歷史文物，以向居民「借展文物」之名，把收藏

崑慈堂前的大苦楝。

的文物暫置於館內，經整理、編號後展出。展品以農家器具、家庭器物為主，有農村的牛車、腳踏車、鋤、耙、鐮刀、各種造型的電土燈，農家裡木製的碗盤櫥、圓形餐桌、長板凳、竹編嬰兒搖籃等，可說是認識龍田村的起點。

苦楝大樹證嚴好朋友

崑慈堂前有一棵苦楝，樹高三十公尺以上，樹冠伸展四方氣象萬千，胸徑寬闊，可為兩人伸手圍抱，被慈濟人稱為「慈濟樹」，不但是崑慈堂前的自然地景，也具有豐富的人文意涵。

苦楝大樹與證嚴法師在鹿野修行這段期

間有著密切關係。有一句著名的慈濟靜思語，「歡喜做，甘願受」，就是證嚴在這棵樹下所悟得，後來成為講授佛法的經典名句。證嚴後來轉往臺東知本清覺寺，在鹿野修行的時間不長，但掛單崑慈堂期間，每日都在這棵苦楝樹下與附近的居民聊天講道，於是這棵樹成為證嚴在臺東最好的朋友之一。根據鹿野仙人掌工作室廖中勳先生回憶，有一次證嚴回到龍田村崑慈堂，在這棵苦楝樹下休息，就有信眾問上人與大樹的關係。

以前就住在這裡（崑慈堂），這棵樹就是我的好朋友呀。又有其他信徒問：樹上為什麼那麼多的蕨類、蘚苔植物。證嚴回答：這樹就像我們人一樣，就是一日不作，一日不食，以及要開始做分享。你們看這棵樹，除了讓大家可以遮蔭，樹上也結有許多種子，可以供給鳥來吃；蕨類、蘚苔植物也居住在它的樹幹、樹枝上。它們活得很快樂健康，所以我們做人要歡喜做，甘願受[2]。

證嚴法師的鹿野法緣

東邊的都蘭臥佛

視線從崑慈堂跨過卑南溪，往海岸山脈都蘭山望去，連續的山脊線勾勒藍天畫布，產生無限想像。

服完父喪百日，證嚴不告而別，初次從臺灣西部遠道前來陌生的東部，找尋一處可以擺渡西方彼岸之地。然而，她的心中仍然放不下家人的親情，稍有空閒，複雜的思緒興起，便陷入了出家、在家兩難的苦惱。每當日落時分，證嚴望著西邊的落日餘暉出神，日落之

龍田崑慈堂是證嚴師父在臺灣東部結下的第一個法緣。

處就是家鄉臺中豐原，想到母親為她的出走，遍尋不著，必定非常焦急，眼眶一紅，淚水便潸潸而下[3]。幸好崑慈堂對面的海岸山脈都蘭山，給了證嚴莊嚴的指引，讓她更加堅定出家向佛的心志，終身為佛為眾生奉獻。

向著東方升起的朝陽，遠望都蘭山的輪廓，像極了一尊臥身於天際線的「臥佛」。證嚴每日開啟廟門，就望見遠方的臥佛，歡喜之心油然而起。從鹿野崑慈堂遠眺臥佛，給她源源不斷的活力甘泉和導引方向的明燈，以至於之後落腳花蓮普明寺，在艱苦的環境中開創「佛教慈濟功德會」，終而發展成遍及全球的慈濟事業。

證嚴出生於臺中清水，後來搬至豐原，俗家名王錦雲，三歲時過繼給叔父王天送、王沈月桂夫婦。民國四十九年父親王天送中風猝死，她頓悟人生無常，萌生出家念頭。首次離家是在民國四十九年的秋天，透過慈雲寺法師的推薦，前往臺北汐止「靜修院」，三天後就被母親帶回，但是她並未斷卻出家向佛的念頭，一有空就讀起佛經，也打坐念佛，心中充滿法喜，雖然身在俗家，但已萌生虔誠向佛的心意[4]。

鹿野，一趟驚奇之旅

民國五十年，證嚴第二次離家，與修道法師來到臺東鹿野王母娘娘廟修行，那一年她二十四歲。

證嚴前往臺東鹿野是一趟充滿驚奇的旅程，似乎一切之中自有上天安排，隨著佛的指引來到臺東鹿野，龍田村成為東部修行的第一站。潘永豐先生對此有一段生動的描述：

上人說：一看到「鹿野」這個地名，我心中的光突然發亮，因為佛陀證悟後，第一次弘法的地方就是印度的「鹿野苑」。他在鹿野苑轉四諦法輪，就是佛法從鹿野苑開始傳佈，僧伽也從鹿野苑成就，可以說三寶（佛法僧）俱足在鹿野苑，可見鹿野是個吉祥的地方[5]。

證嚴在鹿野，修行的條件相當艱苦，她教導村民梵唄唱念，但不化緣，不做法會，也不接受村民供養，一切自立更生，力行「一日不作，一日不食」的修行清規。她住在崑慈堂旁邊的小屋，一張破舊的竹床，床上只鋪著一層稻草，沒有電燈，也沒有自來水，要用水就要先挑水。白天去山上採刺莧[6]之類的野菜，以清水煮來食用，到了秋天，就到田間撿拾殘留在田裡的花生與地瓜，簡單烹煮裹腹度日。

同行的修道法師與證嚴在鹿野住了兩個月，天氣漸漸冷了，兩人只有三件「僧衣」，交換著穿。此時證嚴尚未落髮皈依，仍是一頭長髮，但已換上僧衣，是一名在寺廟修行的女居士[7]。

遙探都蘭聖山

證嚴在鹿野期間還流傳著一件事蹟，也就是前往都蘭山的探險之旅。鹿野鄉龍田村河階臺地，隔著卑南大溪與東河鄉海岸山脈的都蘭山相望，後者較為偏僻，且地形崎嶇不平，開發時間較晚。早期來東部的墾殖移民，大都集中在縱谷地區的平原、河階，但東海岸山脈鍾靈毓秀，且有原住民傳說中的聖山——都蘭山，各種山中傳奇在民間廣為流傳。

證嚴曾徒步跋涉前往都蘭山。

有一次，證嚴聽到人們談論都蘭山，引起她極大的注意。村民說山區有「仙人」居住，山中又有各種怪岩奇石，石上的裂縫僅可以指插入，但若誠心求仙，便可以身試石，側身而過。對於每日必定膜拜遠方「臥佛」山的證嚴來說，可以親自上山一趟，求見「仙人」指點，參悟正道，是她這段期間夢寐以求的事。有了這個想法，便要付諸行動，前往探訪，不料遭到村民極力勸阻。

村民說，都蘭山裡盛產臺灣最名貴的藍寶石，但山中有許多蛇洞，由大樹般的大蟒蛇看守著。一九四〇年代，傳說都蘭山的大蛇都已修練成精，會吐舌信冒煙，吃了很多人。日治時期日本步兵連曾深入探險，以機關槍掃射，但仍然有藏諸深洞的蛇精並未消除。因此，當時沒有人敢隻身進入都蘭山[8]。

祈盼「仙人」指引正道的意念遠大於傳說帶來的恐懼，證嚴與同行的修道法師以及法師的兩位出家徒弟，師徒僧俗共四人由一位「奇人」帶路，一起前往都蘭山。他們口誦〈大悲咒〉，橫渡河面寬廣的卑南大溪，上山之路也花了數小時之久，最後，終於來到深山。林深之處有兩間草編小屋，正有兩個「野人」在祭天，他們誰也不是仙人，探詢之下才知道是中部來的流浪漢，在山上採藥草和藤子出售為生[9]。證嚴四人等失望的下山，不久便轉往知本

榕樹盤根錯節，原住民稱之為「會走路的樹」。

清覺寺，繼續修行之路。

自然法喜的證道之旅

再次造訪證嚴的「證道」之行，在前往巒山部落的途中，向南轉彎而後上山，沿著山徑，拾階而上，首先經過臺灣特有種臺灣櫸木的群生棲地。臺灣櫸木樹幹筆直通天，葉緣細致，身形幽雅，隨風搖曳甚為美觀。

隨後，進入臺灣低海拔的榕楠林帶，只見榕樹盤根錯節，彼此交叉。榕樹板根凸出地表，彷彿地上柵欄，攔截落葉養分，分解後充分吸收，避免雨水沖刷留下貧瘠的土壤，可見大自然造物者的巧思。榕樹的長鬚觸地之後，逐漸長成變粗，到後來也很難分出哪一條是主幹，方圓數十公尺之內都為其盤據，因此原住民把這裡的榕樹稱為「會走路的樹」。

受到造山運動的影響，此地地質屬於海底隆起的石灰岩地形，植物板根現象隨處可見。大塊岩石受到水流長時間侵蝕，出現條形、圓形的各種坑洞，有些受侵蝕的縫隙僅容一人側身彎腰而過，步行於榕樹林中可說驚喜處處。來到都蘭山山腹，已完成證嚴的「證道」步道之旅，此刻駐足森林，涼風吹拂，有洗滌身心、舒暢滿懷之感。

證嚴鹿野後記

證嚴與鹿野的緣分不止於她曾經在鹿野修行兩個月，後來成為慈濟人標記的深藍色旗袍式慈濟裝，也與鹿野因緣息息相關。

證嚴與修道法師兩人前來臺東全為臨時起意。臺中潭子慈雲寺的修道法師在秋收的工作結束後，突然問證嚴：「錦雲，妳還想出家嗎？想不想跟我一起走？」突然而來的機會難得，證嚴立刻應允，兩人毫不遲疑直奔臺中火車站，搭上前往高雄的火車，終而輾轉來到鹿野[10]。

由於離家時匆匆忙忙，沒有帶足衣物，當秋意漸濃，頗有捉襟見肘的窘況。龍田村的沈老太太見證嚴頗有難處，便主動縫製了一件旗袍送給證嚴，但還沒等到衣服完成，證嚴就離開龍田村了。這件衣服一直擺放在崑慈堂旁證嚴住過的小房間，等候主人歸來。多年後，證嚴再訪龍田，沈老太太終於有機會親自把這件旗袍送給證嚴。

沒有預先量身，沈老太太全憑印象便著手縫製，出乎意料地，證嚴一試穿，竟十分合身，而且顯出莊嚴威儀。後來證嚴指示稍加修改，便成為今日到處可見的慈濟裝[11]。

註：

1. 趙川明等，《日出臺東縱谷文化景觀》（臺東：臺東生活美學館，二〇一一），頁二九八。
2. 廖中勳先生口述，訪談者王鴻濬，民國一〇七年四月二十三日於臺東縣鹿野鄉永安村仙人掌工作室。
3. 吳燈山，《成功者的故事——證嚴法師》（臺北：聯經出版事業公司，一九九七）。頁三七。
4. 同上，頁八，頁二九。

5. 潘永豐，《從鹿野到慈濟》（鹿野：鹿野地區農會，二〇〇七），頁二。

6. 刺莧，莧科植物，別名野莧菜、假莧菜、豬母刺……等，原產於熱帶美洲，臺灣從南到北都很容易在田間、路旁發現其蹤跡，嫩莖、嫩葉及穗可食用，特別是春夏兩季，個體尤其肥大，是良好的救荒植物。

7. 陳慧劍，《證嚴法師的慈濟世界——花蓮慈濟功德會的緣起與成長》（臺北：佛教慈濟文化志業中心，一九九二），頁一四。

8. 潘永豐，《從鹿野到慈濟》（鹿野：鹿野地區農會，二〇〇七），頁三。

9. 陳慧劍，《證嚴法師的慈濟世界——花蓮慈濟功德會的緣起與成長》（臺北：佛教慈濟文化志業中心，一九九二），頁一六。

10. 吳燈山，《成功者的故事——證嚴法師》（臺北：聯經出版事業公司，一九九七），頁三五。

11. 沈老太太贈衣以及後來演進成慈濟裝，參考：廖中勳先生口述，訪談者王鴻濬，民國一〇七年四月二十三日於臺東縣鹿野鄉永安村仙人掌工作室。潘永豐，〈莫忘初衷，信心的起步〉（臺東：鹿野鄉龍田村潘先生文件）。

5 甘蔗・鳳梨・茶飄香

短短數十年間，
鹿野農作由甘蔗種植到鳳梨栽植，
接著再轉型改種茶，以及茶加工品，
這些產業的耕耘起落，
主要是來自西部移民之手。

戰後鹿野的島內移民

臺灣光復後，日人陸續離去，臺東製糖株式會社在鹿野地區所開闢的農田、蔗田，以及未開墾的土地，大都為臺灣糖業公司之臺東糖廠所接收。臺東糖廠延續日治時期的管理制度，除了保留部分土地作為自營，其他糖廠土地則放租給農民耕作。在日治後期，因為西部沒有耕地，且因農民分家關係，分產後的田地太小而無法維生，因此有島內移民開始移民至東部。臺東製糖株式會社所設置之私營移民村，或其附近地區，例如：鹿寮、五十戶、湖底、高臺等地，為墾民聚集之聚落，但是鹿野地區仍然有廣大的未開墾之地，等待西部移民前來墾殖。

自耕農不再四處漂移

促成臺灣光復後的東部移民增加，最主要原因是「耕地三七五減租條例」、「放領公有耕地扶植自耕農實施辦法」，以及「耕者有其田條例」政策[1]。政策實施後，東部糖廠地、公有地的放領，以及對私有地大地主土地的徵收、放領，使東部移民有了自己的土地。從此，佃農成為自耕農，移墾者不必準備下一次的遷移，只需在原墾地定居，因而成為一個穩定發展的聚落，人口因此也持續的成長。

從彰化移民而來的廖中勳先生描述了舉家遷移來永安村的過程。

> 對臺東居民來說，很多是島內的二次移民，我的阿公是民國四十年左右移民臺東，聽說那時候政府有獎勵移民東臺灣。我阿公在八七水災之前就搬到永安村，龍田村也有很多彰化人。我是在這裡（永安）出生，永安的舊地名是鹿寮，它是永安與龍田村的共同名稱。是日本人時期才稱龍田村為鹿野，而永安村為鹿寮。我的阿公搬過來幾年就搬回彰化了，因為他說這裡沒有出息。鹿寮村在臺灣光復到民國三十七年，沿用日治時期名字，稱之為鹿寮村，但是這裡耕地少，丘陵地多，普遍比較貧窮，有搬來的人，但也有人又搬走。為了留下移民，政府把鹿寮村改名為永安村，希望這裡的居民長住久安[2]。

表五　光復後鹿野鄉移民的本籍地（排名前六縣）

年度別	民國四十五年		民國五十五年		
本籍地	人數	%	本籍地	人數	%
雲林縣	534	20.3	彰化縣	1,529	26.7
彰化縣	430	16.3	雲林縣	991	17.3
花蓮縣	317	12.0	屏東縣	452	7.9
屏東縣	240	9.1	南投縣	450	7.9
嘉義縣	197	7.5	花蓮縣	425	7.4
新竹縣	164	6.2	臺南縣	407	7.1
合　計	1,882	71.4	合　計	4,254	74.3

資料來源：重製江美瑤，2007，表 4-1，表 4-2。

天災促成東部大移民

查閱民國四十五年（一九五六）以及五十五（一九六六）年鹿野鄉移民的本籍地資料，發現鹿野鄉的二次移民大都來自西部的彰化、雲林兩縣，其次為苗栗縣、臺南縣與屏東縣。尤其是發生於民國四十八年（一九五九）的八七水災後，有大量的彰化縣、雲林縣民移入。

江美瑤歸納臺灣光復後，第二次全島至東部大移民的原因有三[3]。第一：民國四十二年七月與八月的颱風災害，以及民國四十八年的八七水災，促成了臺灣西部災害發生嚴重的縣市人口外移，這兩波的天然災害與鹿野鄉的人口統計結果吻合；鹿野鄉的人口社會增加率以四十二年至四十五年最高，四十八年至五十年次之。第二：日治時期就有來自臺南、屏東、苗栗的墾民移入，因此在天災後，很自然的經由東部墾民親友的協助與介紹下，移民東部，重建家園。因此，在鹿野地區的原住地移民來自臺南、屏東與苗栗等縣，仍然保持一定的成長。第三：政府提出鼓勵開發東部的政策與宣傳，促使了第二次全島居民向東部移民；由於有公地放領與耕者有其田的誘因，加上土地價格便宜，使東部移民快速增加。

民國四十五年（一九五六）鹿野鄉的全鄉人口為九，一一八人，移民來自前六個西部縣本籍人口為一，八八二人，約佔二〇．六％。到了民國五十五年（一九六六年），鹿野鄉的全鄉人口增加為一五，二八九人，移民來自前六個西部縣本籍人口為四，二五四人，約佔二七．八％。若計算移民本籍地不為臺東縣者，其總人口數為五，七一八人，約佔全鄉人口的三七．四％。鹿野鄉在臺灣光復後，陸續有許多西部移民移入墾殖，仍然維持著「移民村」的歷史性格。

從甘蔗、鳳梨到茶葉

臺灣光復後，鹿野鄉的產業仍然暫時維持以「蔗作」為主，但其產生的經濟價值並不高。民國四十四年（一九五五）「行政院經濟安全委員會」以駐臺美軍對鳳梨罐頭需求高，遂以美援經費，選定在臺東縣境內鼓勵種植鳳梨，並設置鳳梨加工工廠。臺糖公司不但在龍田村設置了「鳳梨栽培事業區」，同時肩負了技術提供與監督種植的雙重角色。然而鳳梨生產與外銷的榮景，大約只維持了十幾年的光景，在民國六十一年（一九七二）到達高峰後，逐漸趨於沒落。由於鳳梨罐頭國際市場之價格競爭非常劇烈，而我國工資日漸上漲，國際

鹿野曾擁有一段黃金般的「鳳梨時代」。　照片拍攝／徐弘明

市場逐漸被菲律賓、象牙海岸等工資低廉的國家所取代[4]。鹿野鄉的農業產業在短短的數十年間，由甘蔗種植到鳳梨栽植，又要面臨另一次的選擇與轉型。而下一次栽植經濟作物的轉型——茶葉種植與茶製品加工產業，竟然與臺灣西部水災、颱風導致的島內移民臺灣東部，有著密切的關係。

鹿野茶葉產業

臺灣光復後，鹿野移民中有許多來自桃、竹、苗的客家人，他們引進西部種茶、製茶的技術，為鹿野地區茶葉產業帶來了基礎的發展，但是最初以點狀區域或試驗方式

茶葉改良場臺東分場。

行之，規模不大。

任職於農委會茶葉改良場臺東分場的分場長吳聲舜研究員，談到了光復後鹿野茶葉產業的發展。

整個臺灣茶葉的開發史雖然來自福建安溪，但後來真正在臺灣從事生產者，最有貢獻的應該就是客家人。先有桃、竹、苗以及花東地區客家人移入，以及民國四十八年（一九五九）的八七水災後的移民，開始讓東部的茶葉產業發展起來[5]。

鹿野茶之父溫增坤

鹿野茶區的發展，應可歸功於來自新竹縣關西鎮的溫增坤先生，早在政府還沒有設置茶葉改良場臺東分場的五十年代，溫先生已在卑南鄉知本溫泉附近及初鹿、美農村推廣種植臺茶八號，並獲得臺東縣政府的支持與補助。

民國六十年（一九七一）春天，鹿野高臺、永安等地，已經發展有相當面積之茶樹種植，溫先生乃進一步在鹿野永安村購地，並設置新元昌製茶工廠，專事紅茶的生產。在新元昌製茶廠設置後，帶動整個臺東縣的產製紅茶風氣，之後又有來自西部的劉天來、廖永然兩位設立了高臺、沐源兩個製茶場。發展至今日，鹿野鄉永安、龍田兩村，約有四分之一居民從事與茶葉相關的工作，茶葉已成為鹿野鄉最重要的經濟作物[6]。

臺灣紅茶的生產因無品牌行銷，大都被國外採購，作為拼配材料，然而國內在經濟起飛後，工資逐漸上漲，茶葉生產與製造成本提高，在國際間已無競爭力，終究走向沒落之途。然而，鹿野茶區在這波競逐中並未放棄，開始轉型種植小葉種茶樹，加上自民國七十一年起，政府廢除了「製茶葉管理規則」，凡是茶農皆可「自產、自製、自銷」，不需取得申請許可證與工廠登記證，賦予茶葉產業更有彈性的經營環境。

鹿野茶。

馬背調整池提供茶葉產區的灌溉用水。

吳聲舜催生紅烏龍

重新起步的鹿野茶區，在吳聲舜分場長的引導下，發展出「重萎凋、重發酵」之烏龍茶新製茶技術。因茶湯色澄紅，明亮澄清有如紅茶的茶湯色澤，故取名「紅烏龍」。

「紅烏龍」最後成為「臺東茶」的代名詞，興起過程中的起伏跌宕，關鍵人物披荊斬棘的心路歷程，又是另一個動人的故事。

馬背調整池神救援

鹿野地區茶產業若無一套設計完備的灌溉系統，就無鹿野茶區興旺的產業，更無今日臺東「紅烏龍」的品牌。

遠水滋潤不了龍田

鹿野鄉的中部地帶有一條鹿寮溪，由西北部山區發源，往東南注入卑南大溪。最早利用鹿寮溪水灌溉農田始於一八八七年的「鹿寮圳」，該圳全為當地之原住民所興建。

民國四十六年（一九五七），農田水利會為了灌溉日益擴增的農田，結合民間的力量，開鑿一條沿山邊過來的水圳，也就是「鹿野大圳」[7]，從此鹿寮溪的水灌溉了武陵村與永安村的農田。

然而龍田村位於鹿野大圳幹線末端，水量經常不足，長久以來飽受缺水之苦。早期由鹿寮溪取水口到龍田村路線很長，民國五十九年（一九七〇）後，因取水口刷深，無法取水，且取水口後端有地下伏流現象，漏水嚴重，因此灌溉渠道作用極為有限[8]。

調整池造就最大噴灌區

民國八十年（一九九一）興建馬背調整池為一個蓄水的水庫，才解決了龍田村缺水灌溉的困境。

馬背調整池的設計概念，是把鹿野大圳的剩餘水或雨季河川水，導引儲放在一個大的貯水庫中，利用馬背調整池與龍田村位置的高低差，進行茶葉產區的灌溉。此調整池可自鹿野大圳幹管取水引入，以便貯蓄夜間停灌的圳水，或雨季的河川水，再以管路工程系統輸水至龍田灌溉區。主管路連上鋪設的副管，副管連接至每一田區或坵塊，而農民即可使用末端設施，從副管的制水閥取水灌溉[9]。因此，此地的灌溉系統是設計精緻的「旱地」噴灌系統，採用分區放水噴灌設計，因應茶樹生長時間的需求輪流供水[10]。

馬背調整池位於龍田村西北，長一一五公尺，寬一〇五公尺，深八公尺，面積約一．二公頃，總蓄水量約六萬公噸。民國八十年（一九九一）起，逐期編列預算施工，總投入金額高達一億五千萬元，灌溉受益面積超過一千公頃，龍田噴灌區因此成為臺灣目前最廣闊的旱作噴灌區[11]。

散步在馬背調整池的環形道上，一陣涼風吹來，感受到週遭環境的清雅幽靜。欣賞碧藍如玉的鹿寮溪溪水，品茗圓潤香韻的紅烏龍茶，是最幸福不過的快意人生。

註：

1. 江美瑤，〈開發篇〉，《鹿野鄉志．上》（臺東：鹿野鄉公所，二〇〇七），頁二六四～二六五。
2. 廖中勳先生口述，訪談者王鴻濬，民國一〇七年四月二十三日於臺東縣鹿野鄉永安村仙人掌工作室。
3. 江美瑤，〈開發篇〉，《鹿野鄉志．上》（臺東：鹿野鄉公所，二〇〇七），頁二六一。
4. 林華慶，《鹿野鄉龍田村的區域變遷》（花蓮：國立東華大學碩士論文，二〇一二），頁九四～九五。
5. 吳聲舜先生口述，訪談者王鴻濬，民國一〇七年九月十七日於臺東縣鹿野鄉龍田村農委會茶葉改良場臺東分場。
6. 吳聲舜、蔡志賢，〈臺東縣鹿野茶區茶類發展之演變與展望〉《第三屆茶葉科技研討會專刊》（桃園：行政院農業委員會茶葉改良場，二〇一五），頁七一～八〇。
7. 姜國彰，〈地理篇〉，《鹿野鄉志．上》（臺東：鹿野鄉公所，二〇〇七），頁一二二～一二三。

8. 由姜國彰先生（同上）之圖四～十五：鹿野鄉灌溉系統分布圖顯示：鹿野圳取水於延平鄉武陵村之鹿寮溪，但灌溉區（田）僅有一七八公頃，與和平圳同為鹿野鄉五大灌溉系統之最小規模之一。自民國五十九年（一九七〇）起，因進水口河床刷深無法取水。

9. 陳鴻圖，〈經濟篇〉，《鹿野鄉志．上》（臺東：鹿野鄉公所，二〇〇七），頁六五一。

10. 廖中勳先生口述，訪談者王鴻濬，民國一〇七年四月二十三日於臺東縣鹿野鄉永安村仙人掌工作室。

11. 陳鴻圖，〈經濟篇〉，《鹿野鄉志．上》（臺東：鹿野鄉公所，二〇〇七），頁六五二。

6 社區・飛行・紅烏龍

重新起步的鹿野茶區，
針對烏龍茶發展新技術，
「重萎凋、重發酵」，
茶湯澄紅，明亮澄清。
如今「紅烏龍」成為「地理標章」品牌，
是臺東茶的最佳品牌。

紅烏龍的誕生與茁壯

鹿野鄉的茶葉產業，可追溯自民國七十一年，李登輝應邀到訪鹿野，回應茶農之請求，為鹿野地區的茶取名為「福鹿茶」開始。民國八十五年（一九九六）鹿野茶區之龍田村種植面積為一一〇公頃[1]，發展到了民國九十八年（二〇〇九），福鹿茶區，包含永安、龍田兩村，以及延平鄉永康村，總計面積達四百多公頃，為極盛期，可以說是花東地區最大的茶區。

鹿野茶獨樹一幟

由於鹿野茶區位於花東縱谷，東邊有海岸山脈屏障，東北季風不易進入，茶樹因而較早在春天萌芽，也可延長在冬天的採收期間。因為氣候溫暖的關係，鹿野茶區比臺灣其它茶區更早採收，大約可提早二十至三十天，早春茶一般稱為「不知春茶」；冬天則可延長採收十五天至二十天，晚冬茶則被稱為「冬

鹿野老茶廠裡有許多故事。

片茶」。除此之外，本區屬於河階臺地，土壤適宜，以及栽培管理之噴灌技術的精進改良，使得鹿野茶的品質，有別於其它產區之一般早春、晚冬茶，在市場上獨樹一幟，早已稍有名氣[2]。

> 花蓮瑞穗比我們還早發展茶葉產業，但是我們的優勢在於「雨比較少」，比較乾燥，瑞穗較常下雨，比較潮濕。所以我們鹿野茶很有名氣。那時候李登輝當省主席，而我擔任鹿野地區農會總幹事，所以我們就請李登輝來命名。就是因為他命名「福鹿茶」，以及後來推廣成功，使我們鹿野的茶葉產業得以發達[3]。

由於前總統李登輝命名「福鹿茶」，使得鹿野茶區聲名大噪，啟動了茶葉產業再一次發展的契機。

早在民國五十年代，當大量西部移民抵達開墾，鹿野地區的茶樹品種以外銷紅茶使用的「大葉阿薩姆茶」為主，紅茶製作與外銷為當時主流。六十、七十年代之後，受到國際競爭的影響，臺灣茶葉由外銷市場轉為內銷，這時同樣面臨臺灣其它早春與晚冬茶生產的精進與

澆灌中的茶園。

競爭，鹿野所製作的茶在價格上，無法與東南亞、大陸進口的中低價位茶競爭，高價位區間，臺灣高山茶又已負盛名，鹿野茶區優勢逐漸喪失，茶產業嚴重衰退，茶農遂改種高經濟價值的青心烏龍、金萱、翠玉，希望能帶動轉型創新[4]。

鹿野茶中興大將林耀精

在轉型為特色茶，渡過鹿野茶區低潮的過程中，林耀精先生正是代表性人物，「林旺製茶廠」的奮鬥歷程，可說是臺東「紅烏龍」崛起的序曲。民國九十三年（二○○四年）林先生舉家由宜蘭南遷，在鹿野買了五甲的茶園，開始了茶的事業，不過當時鹿野茶區正由盛轉衰，林先生一開始進入茶產業，就面臨了嚴竣的挑戰。

我第一次收成，帶著茶葉「樣品」，背著背包到臺北。跑遍了臺北許多茶行，但是連一斤茶都賣不出去。我原本預計到臺北，用十天時間找茶行，但是到第四天，我就決定回臺東。因為前四天一斤茶都沒賣，只有其中一間茶行說一斤三百元要買。每間茶行都說茶很香，但聽到鹿野茶就不願再多談。有個茶行老闆跟我說真話，他說你再跑一個月臺北茶行，也不會有人跟你買，因為鹿野茶成本目前最少一斤要七百元，我再多付兩百到三百元，就可以買到南投霧社半山腰的茶。如果要鹿野茶這一門檻的茶，我用兩百元買進口茶就可以。鹿野茶在市場上沒有競爭力，入不敷出，連成本都不夠，整個鹿野茶區誰敢種[5]。

林耀精先生認為只交「茶菁」比較單調，沒有挑戰性，並不符合他的個性，更不是當年決定投入茶葉產業的初衷，於是商請了大陸的友人，來協助茶廠的製茶技術，希望在低迷的環境中，開創一條新的製茶途徑。

當時的鹿野茶區盛行的是「清茶」的製茶手法，工序繁複的重發酵茶——紅烏龍的製程，被視為沒有技術的外行，並不被看好。可是林先生仍然堅持找出一條製茶的新途徑：使用友善環境的茶園管理技術，配合創新的製茶技術，生產出高品質的茶葉。在一次偶然的場合中，得到鹿野地區農會總幹事潘永豐先生「慧眼識英雄」的肯定，鹿野茶區所生產的重發酵茶終於在市場上嶄露頭角。

當時鹿野沒人做紅烏龍，大家還笑我們找那個大陸朋友，是「請鬼抓藥帖」。那時加工廠還沒蓋，也沒人願意借我們製茶廠做加工。加工廠是一百年完工，做重發酵茶是九十七年。當時大家怕紅茶汁液會汙染他們既有的清茶製程，沒人願意出借工廠，後來，拜託「新峰」讓我們加工。當時的做法，大陸朋友稱之為：「鹿野東方美人茶＋普洱茶」的做法。他叫我們做什麼工序，我們就做什麼，叫我們噴水我們就噴水，工序繁複，人手都不夠用，家裡小孩都下去幫忙，還找朋友來，總共十個人。我們聘請的當地製茶師傅嫌這太麻煩，都嚇跑了[6]。

鹿野茶區的再復興，以及臺東紅烏龍茶的崛起，應歸功於三方：關鍵指標是林先生創新使用了重發酵製程，以科學態度記錄下時間、溫度、濕度等製茶過程；同時，鹿野地區農會總幹事潘永豐先生開始舉辦推廣活動，逐漸影響鹿野茶區其他茶農，投入紅烏龍的生產製作，形成了產業規模；當然，臺東茶葉改良場改良吳先生「第一代茶」的製程，使之標準化與去複雜化，並教導茶農來製作，也是重要的關鍵因素。

紅烏龍：臺東茶代名詞

重新起步的鹿野茶區，在農會與茶葉改良場的協助下，持續推廣重發酵之「紅烏龍茶」，打出了漂亮的成績。由於市場反應非常好，鹿野地區一〇五年的年產量高達七萬臺斤以上，每臺斤零售價一二〇〇元至三〇〇〇元[7]。臺東縣政府已經向智慧財產局申請專利品牌，並獲得「紅烏龍」為「地理標章」的註冊品牌。「紅烏龍」已成為代表臺東茶的最佳品牌。

在農業生產方式講究友善環境的潮流下，製作「紅烏龍」茶的茶菁條件不易受到季節、品種與病蟲害的因素限制，茶園管理可以減少噴藥。以訴求天然、食品安全為目標，栽植可製作紅烏龍茶的小葉種茶樹，非常適合在鹿野茶區推廣。因此農委會茶葉改良場臺東分場在推廣紅烏龍時，與臺東縣鹿野地區農會合辦比賽，除了比口感，也行銷健康，讓消費者認同[8]。為迎合市場需求，另推出紅烏龍的冷泡、冰飲，竭盡其力，來打造臺東地區唯一的「特色茶」。當提起臺東茶，大家一致認定「紅烏龍」品牌，就成功了大半[9]。

現在大陸其實也都有製作紅烏龍，但我們堅信只要把自己茶園的品質照顧好且加工過程衛生做得好，依舊很有競爭力。因為紅烏龍茶是很有特色，結合烏龍做法與紅茶製程，且因為重發酵、重萎凋的製作過程，讓茶湯耐浸泡，久泡依舊甘甜，特殊的蜜香與熟果香，淬鍊出這款具代表性的鹿野特色茶，不但耐儲存，久放更好喝。我們要持續保持這種無可取代的特色[10]。

鹿野地區除了是一個全國性的重要茶葉產區，鹿野農業休閒產業，也是由茶產業開始。茶樹栽植選擇、產出品牌製茶、銷售，以及後期發展出休閒旅遊之民宿、熱氣球、環境教育體驗等多樣性旅遊商品組合，至今，已成為鹿野獨特的產業發展模式。

農業休閒產業

眾所熟悉的卑南鄉的知本溫泉、蘭嶼鄉達悟族野銀部落半穴居建築、蘭嶼拼板舟與其海洋文化、延平鄉紅葉溫泉等風景區，為臺東縣早期著名的觀光旅遊勝地。隨著社會變遷，國人旅遊需求的多樣性發展，鹿野鄉後續發展出「社區型農業休閒產業」，包含了高臺茶園區、寶華山休閒農業區、二層坪休閒農業區、鸞山村休閒農業區、四維休閒農業區等[11]，把全鄉的休閒農業發展區，依據其文化、地質、地景特色而規劃，也算是獨樹一格，饒富趣味。

金牌農村不是蓋的

鹿野鄉選擇了「複合式、多元化」的產業發展，但此種發展模式，需要有足夠的共識度、一群核心人士，加上社區居民的參與，才有可能逐步成型。雖然鹿野鄉各社區發展協會成立的時間很早，但主動推動社區發展的積極性不足，鹿野鄉永安村的永安社區發展協會卻是一個例外。民國九十年廖中勳等人（二〇〇一）就創立了永安的社區報，現在變成全鄉的

「鄉報」。

那時候開始，我們有系統的做（鹿野鄉）村莊的一些活化，首先從「人」的整合，再到空間環境的改善，到後面做一些產業的提升，然後有更多的遊程，甚至是老師您在花東地區推動的「六級化產業」發展，以及環境教育。我們永安的社造十年下來，就有一個不錯的成果[12]。

推動永安社區營造的核心人物廖中動，在民國一〇七年（二〇一八）四月二十六日獲得第一屆金牌農村之撰文提到：

多年來，永安社區推動一連串的社造工作，軟硬兼施文武全才，

加強農村發展計畫扶植鹿野產業發展紀念碑。

包括社區環境綠美化、傳統文化活動活化、社區福利推動、成立守望相助隊及鹿寮解說服務隊，推動社區休閒產業及社區營造、開玉龍泉生態步道，推動生態旅遊、辦研習推產業等等，從社區的生產、生活及生態等面向均衡發展。……目前永安社區正朝永續發展社區努力，落實使用者付費的機制，推動生態旅遊及環境教育產業化工作，並且建構一套社區的營運模式，準備迎接一個進階版的永續社區。……永安居民憑藉一股不服輸的傻勁，曾經獲選臺東縣社區評鑑特優、臺東縣綠美化模範社區、臺東縣低碳社區競賽第一名、臺東縣宜居社區、文化部評定社區深度旅遊優等獎、第一屆全國十大經典農漁村、一〇二年通過環境教育設施場所認證，並且獲得第一屆國家環境教育獎（社區組）特優獎，以及一〇七年金牌農村[13]。

鹿野農業發展推手潘永豐

鹿野鄉著名的高臺茶園居高臨下，可俯瞰龍田村全村，由高臺沿公路而行，兩側茶園一路相伴，種植在河階臺地上的茶樹形成獨特的茶園景致，悠閒而典雅。在鹿野地區農會的

玉龍泉溪谷。

輔導下，民國八十年設置高臺茶葉展示中心，由一群茶葉產銷班班員共同經營，是鹿野高臺地區發展休閒旅遊的開始。為推廣福鹿茶、副產品以及相關產業，高臺茶葉展示中心也成立旅遊服務部，提供旅遊諮詢和旅遊商品。

鹿野地區農業發展的成果，得力於潘永豐先生的規劃與執行。潘先生自民國七十年（一九八一）開始，就擔任鹿野地區農會總幹事職務，直到民國一〇一年（二〇一二），前後三十一年光陰，長期耕耘鹿野地區的農業發展。

在幾次農業產業轉型的發展過程中，潘永豐都扮演了積極而重要的角色，其中最值得一提的三件大事為鹿野釋迦專業區的設置、馬背調整池的興建，以及紅烏龍茶的推廣，每一件都看得見潘永豐先生努力的身影。

他們認為我們（鹿野）溫度太低，所以我極力說服，釋迦未來在臺東縣是非常有前途的產業，我據以力爭，爭取了我們釋迦的專業區；鹿野包括在內，這是在我（總幹事）任內最要緊的大事[14]。

在既有的農業產業基礎上，以及鹿野地區深厚的人文底蘊之下，運用靈活調整的農業生產策略，成功的引進外部資源，以紅烏龍茶之休閒農業體驗、高臺熱氣球「想飛的季節」為號召，使得鹿野地區成為臺東旅遊必訪之景點。

目前之深度旅遊結合龍田、永安附近的鹿鳴溫泉酒店、紫熹農莊、觀心茶農場、鹿野地區的茶農，更擴及至鸞山的梅農等，推出各種農特產知性之旅。鹿野地區農會為了推廣休閒旅遊，也曾推出「預購農產品」，即贈送兩天一夜知性休閒農業之旅，推出河階地形導覽、農場觀摩、茶文化導覽、原住民及東臺灣寶石等特色行程[15]。可見鹿野地區的休閒農業觀光資源豐富，值得親臨此地，做一趟深度旅遊的安排。

高臺的飛行

想飛的季節

鹿野鄉氣候穩定，每到夏、秋之際，東南季風吹起，上升氣流旺盛，加上高臺地區地形落差關係，是非常適合飛飛行傘的季節。

民國九十一年（二〇〇二），當時

2626 市集吸引大量人潮。

擔任鹿野鄉鄉長的李仁生先生亟思推展在地觀光產業，認為高臺飛行場從起飛至降落，落差約一五〇公尺，是非常適合初學者的練習場地。於是與飛行傘高手、中華民國飛行傘協會、花東縱谷國家風景區管理處、臺東縣政府等單位合作，以「想飛的季節」打響名號，讓鹿野高臺成為東部最著名的飛行傘活動基地[16]。然而，進入第十年的飛行傘活動，因為其他縣市開始舉辦同類型活動，參與人數已逐漸下降，臺東縣政府認為必須轉型為它類活動，以維持本地觀光產業的優勢。

熱氣球一飛沖天

大約在此時，中華民國熱氣球飛行運動協會剛好到臺東縣進行推廣，他們已經到其他城市簡報十幾次了，都不被接受。只有臺東縣政府觀光旅遊處的陳淑慧，有在國外參與熱氣球活動的經驗，對此構想格外有興趣，認為是轉型的一個機會。由於我國無任何先前的經驗，對熱氣球活動極為陌生，也沒有相關的法律規範，經過多次協調努力，終於獲得民航局的許可，以最高標準放行臺東的熱氣球活動。

由於首次舉辦熱氣球活動，陳淑慧當作是「交朋友」，邀請了八個國家，十四顆熱氣

鹿野高臺熱氣球繽紛升空，是臺東觀光產業的代名詞之一。

照片拍攝／徐弘明

球以及三十六人來臺作客，增加熱氣球活動的交流機會，並提升國際亮點。終於在臺東縣政府團隊的努力下，二〇一一年七月二日早上六點鐘，第一顆自由飛行的熱球成功的翱翔於鹿野天際，也讓熱氣球嘉年華的能見度順利升空。嘉年華活動為期四十六天，共計吸引超過三十五萬遊客參與，為以往同期人數的五倍，帶來高達五・二五億元的觀光效益[17]。

臺東縣政府從二〇一一年起，每年的六至八月間，持續於鹿野高臺辦理熱氣球活動，是國內最早且持續舉辦的地區。活動的內容包含了：購置五顆合法熱氣球、培訓七位國內的專業飛行員、安排載客自由飛行的空中遊覽活動，成立熱氣球飛行團隊及飛行學校等[18]。多年的舉辦與其豐碩成果，成功帶入觀光人潮，並帶動地方經濟發展，增加在地就業機會。臺東縣政府已經把鹿野高臺的熱氣球活動定位為永續經營的重要觀光產業。

激盪鹿野新文化

高臺茶園及飛行傘、熱氣球活動的發展，帶動了龍田進一步的觀光發展，且龍田村地勢平坦，也非常適合單車活動。在當地觀光業者藝柏飯店、阿度的店，以及鄉公所的規劃與行銷之下，一條鄉間的自行車道，串聯起龍田村的鳳梨園生產區、炮竹體驗區、板塊運動區、福鹿茶園、小葉欖仁綠色隧道、

龍田村的主要道路光榮路。

飛行傘降落區、茶葉改良場臺東分場、龍田國小、龍田國小日式校長宿舍及托兒所、龍田邱宅，以及龍田崑慈堂。「阿度的店」推出特色單車導覽行程，除了串聯各特色據點之外，還推出讓遊客平躺於大地，以不同視角觀看世界的體驗。此行程深受遊客喜愛，也帶動了一波龍田自行車遊憩的風潮。

由於真心喜愛龍田的整體空間環境，地方產業逐漸生根穩定，新移民一個個移居龍田，在這裡發展出有別於傳統的新元素，創造了新一波的文化激盪。

我們鹿野有蠻厲害的咖啡店，叫做「那邊咖啡」，在龍田，還有用蝴蝶的食草做特色餐的「古早人」，有異國風的德國餐廳，也有本土傳統的「阿營柑仔店」等。如果（龍田）光榮路可以整合好，大家來散步、騎腳踏車，可以充分享受龍田慢的氛圍。最近在光榮路的尾端，開設了一家獨立書店，叫「鹿野書苑」，也非常有特色[19]。

註：

1. 鹿野鄉龍田村辦公室，《臺東縣鹿野鄉龍田村（社區）簡介》（鹿野：鹿野鄉龍田村辦公室，一九九六），頁一四。
2. 林立宏，二〇〇九，〈發現臺灣農業競爭力——春冬之外，夏秋另闢天地鹿野「紅烏龍茶」再創新局〉，鄉間小路（三五／〇三）：五四～五六。
3. 潘永豊先生口述，訪談者王鴻濬，民國一〇七年九月十八日於臺東縣鹿野鄉鹿鳴溫泉酒店。
4. 潘永豐編著，二〇〇五，《臺灣第一好茶的故鄉》。臺東：臺東縣鹿野地區農會。頁四八。
5. 林耀精先生口述，訪談者王鴻濬，民國一〇八年二月二十八日於臺東縣鹿野鄉龍田村林旺製茶廠。
6. 林耀精先生口述，訪談者王鴻濬，民國一〇八年二月二十八日於臺東縣鹿野鄉龍田村林旺製茶廠。
7. 吳聲舜、蕭國忠，〈花蓮和臺東茶區茶葉變遷與未來展望〉《第六屆茶葉科技研討會專刊》（桃園：行政院農業委員會茶葉改良場，二〇一八），頁一～八。

8. 潘永豐先生口述，訪談者王鴻濬，民國一〇七年九月十八日於臺東縣鹿野鄉鹿鳴溫泉酒店。當時潘先生擔任鹿野地區農會總幹事，推動參加比賽，一定要經過訓練，然後由茶業改良場臺東分場做技術指導。

9. 吳聲舜先生口述，訪談者王鴻濬，民國一〇七年九月十七日於臺東縣鹿野鄉龍田村農委會茶葉改良場臺東分場。

10. 林耀精先生口述，訪談者王鴻濬，民國一〇八年二月二十八日於臺東縣鹿野鄉龍田村林旺製茶廠。

11. 段兆麟、潘永豐，一九九八，《臺東縣鹿野鄉全鄉性休閒農業整體調查規劃報告書》。鹿野：鹿野地區農會。頁九六～二一六。

12. 廖中勳先生口述，訪談者王鴻濬，民國一〇七年四月二十三日於臺東縣鹿野鄉永安村仙人掌工作室。

13. 廖中勳（二〇一八）恭喜永安社區榮獲第一屆金牌農村。http://sixstar.moc.gov.tw/blog/luye001/myBlogArticleAction.do?method=doListArticleByPk&articleId=80458，最後瀏覽日二〇一八／十二／十一。

14. 潘永豐先生口述，訪談者王鴻濬，民國一〇七年九月十八日於臺東縣鹿野鄉鹿鳴溫泉酒店。

15. 李珠連，一九九九，〈鹿野休閒農業遊〉，臺東區農業專訊（二七）：一四。

16. 〈行銷鹿野，李仁生讓觀光起飛〉，自由時報，二〇〇八／七／十六。

17. 吳碩文，〈臺灣國際熱氣球嘉年華——打造臺東特色觀光品牌，帶進百萬遊客、億萬商機〉，經理人（經理人（二〇一五／三））：九四～九五。

18. 陳文秀、朱鎮明、陳文正，二〇一六，〈臺灣地區熱氣球觀光活動之政策轉移分析〉《休閒觀光與運動健康學報》六（四）：七九～八一。

19. 廖中勳先生口述，訪談者王鴻濬，民國一〇七年四月二十三日於臺東縣鹿野鄉永安村仙人掌工作室。

代結語

鹿野的性格，是一個典型的移民小鎮，充滿了每一個歷史年代的移民故事。漫步於龍田，彷彿進入時光隧道，回到草莽鹿皦的原民時期，卻也可以經歷和民開墾荒地、神社、小學校、庄役場的輝煌歲月；感受神田醫師醫德、醫術廣庇龍田的歷史往事；也可與證嚴法師同證臥佛山、崑慈堂修行的緣分。鹿野充滿了豐富的人文內涵，但它卻也不斷的被歷史的潮流向前推進，在競爭的環境中，不斷的努力尋求發展的定位。

民國四十八年發生的八七水災，西部大量居民遷移至此，找尋開墾的新天地。其中客家移民帶來了茶樹，延續了精湛的製茶技術，在鹿野地區落地生根。後繼者，在政府單位協助下，不畏國內外市場的競爭挑戰，走出了茶產業的低潮期，以積極的創新努力，開啟了鹿野地區「紅烏龍」的光耀品牌。近年來，由於休閒農業產業的興起，以及後續飛行傘、熱氣球活動，或是鐵馬行，帶來了觀光人潮，也吸引了新的一批移民在鹿野定居，充滿了不同文化風情的六二六二市集，正是呈現了新移民生活的多樣性。鹿野在新舊激盪之間，有識之士正在推動著「社區復興」的新文化。

在一世紀之前，從北方的雪國之境，一批滿懷著希望的移民，遠渡重洋，移居於此，撰寫著自己的歷史，編織那一個時代的故事。時間催促著鹿野人，讓他們永遠不會停下腳步，新一代的移民者，勇敢的接受時代變遷的挑戰，下一階段的故事，正等待他們的摸索前進，娓娓道來。

參考文獻

- 山口政治，一九九九，《東臺灣開發史——花蓮港とタロコ》。東京：中日産經資訊（株）。
- 王世慶，二〇〇一，《臺東縣史——開拓篇》。臺東：臺東縣政府。
- 矢內原忠雄著、林明德譯，二〇〇二，《日本帝國主義下的臺灣》。臺北：財團法人吳三連臺灣史料基金會。
- 江美瑤，二〇〇七，〈開發篇〉，《鹿野鄉志．上》。臺東：鹿野鄉公所。
- 自由時報，二〇〇八／七／十六，〈行銷鹿野，李仁生讓觀光起飛〉。
- 邵偉達，二〇〇八，〈清代開山撫番下後山的駐軍、移民及聚落〉。吳翎君主編，《後山歷史與產業變遷》。花蓮：國立花蓮教育大學鄉土文化學系。
- 吳碩文，二〇一五，〈臺灣國際熱氣球嘉年華——打造臺東特色觀光品牌，帶進百萬遊客億萬商機〉，經理人（二〇一五／三）：九四～九五。
‧吳燈山，一九九七，《成功者的故事——證嚴法師》，臺北：聯經出版事業公司。
‧吳聲舜、蔡志賢，二〇一五，〈臺東縣鹿野茶區茶類發展之演變與展望〉《第三屆茶葉科技研討會專刊》，桃園：行政院農業委員會茶葉改良場。
‧吳聲舜、蕭國忠，二〇一八，〈花蓮和臺東茶區茶葉變遷與未來展望〉《第六屆茶葉科技研討會專刊》，桃園：行政院農業委員會茶葉改良場。
‧李文良等，二〇〇一，《臺東縣史——政事篇》。臺東：臺東縣政府。
‧李珠連，一九九九，〈鹿野休閒農業遊〉，臺東區農業專訊（二七）：一四。
‧李雄飛、趙川明，二〇〇七，〈文教篇〉，《鹿野鄉志‧上》，臺東：鹿野鄉公所。
‧沈葆楨，一八九二，《福建臺灣奏摺》。原刊於《沈文肅公政書》，烏石山祠重刊本之卷五。周憲文選編，一九五九，臺北：臺灣銀行經濟研究室，臺灣文獻叢刊第二九種。
‧林立宏，二〇〇九，〈發現臺灣農業競爭力——春冬之外，夏秋另闢天地鹿野「紅烏龍茶」再創新局〉，鄉間小路（三五／〇三）：五四～五六。
‧林玉茹等，一九九九，〈沿革〉《臺東縣史——地理篇》。臺東：臺東縣政府。

• 林雪星，二〇〇九，〈濱田隼雄的南方移民村裡的知識份子表象——以醫生神野珪介為主〉，東吳外語學報（二九）：六一～八〇。
• 林華慶，二〇一二，《鹿野鄉龍田村的區域變遷》，花蓮：國立東華大學碩士論文。
• 段兆麟、潘永豐，一九九八，《臺東縣鹿野鄉全鄉性休閒農業整體調查規劃報告書》，鹿野：鹿野地區農會。
• 姜國彰，二〇〇七，〈地理篇〉，《鹿野鄉志．上》，臺東：鹿野鄉公所。
• 胡傳，一八九四，《臺東州采訪冊》。詹雅能點校，二〇〇六，臺北：文建會，清代臺灣方志彙刊第三一冊。
• 張素玢，二〇〇一，《臺灣的日本農業移民——以官營移民為中心》。臺北：國史館。
• 陳文秀、朱鎮明、陳文正，二〇一六，〈臺灣地區熱氣球觀光活動之政策轉移分析〉《休閒觀光與運動健康學報》六（四）：七九～八一。
• 陳宏維，二〇〇八，〈黃金變雞肋——荷蘭東印度公司眼中的東臺灣〉，吳翎君主編，《後山歷史與產業變遷》。花蓮：國立花蓮教育大學鄉土文化學系。
• 陳慧劍，一九九二，《證嚴法師的慈濟世界——花蓮慈濟功德會的緣起與成長》，臺北：

佛教慈濟文化志業中心。
- 陳鴻圖，二〇〇七，〈經濟篇〉，《鹿野鄉志・上》，臺東：鹿野鄉公所。
- 鹿野區役場簡介，二〇一八，龍田：鹿野區役場。
- 鹿野鄉龍田村辦公室，一九九六，《臺東縣鹿野鄉龍田村（社區）簡介》，鹿野：鹿野鄉龍田村辦公室。
- 廖中勳，二〇一八，〈恭喜永安社區榮獲第一屆金牌農村〉。最後瀏覽日二〇一八／十二／十一。http://sixstar.moc.gov.tw/blog/luye001/myBlogArticleAction.do?method=doListArticleByPk&articleId=80458。
- 臺灣日日新報，一九一六，〈今後の移民問題〉，大正五年（一九一六）九月二十八日，第二版。
- 臺灣日日新報，一九一六，〈臺東移民狀況——私營移民の試み〉，大正五年（一九一六）十二月二十三日，第一版。
- 臺灣日日新報，一九一八，〈官營移民廢止——私營移民獎勵〉，大正七年（一九一八）四月三日，第二版。

・臺灣日日新報，一九一八，〈獎勵民辦移民〉，大正七年（一九一八）三月十日，第二版。
・臺灣日日新報，一九三八，〈今期製糖會社巡り（十）今期の產糖量高は　結局一千六百萬擔か　臺東糖の將來は多望〉，昭和十三年（一九三八）一月三十日，第二版。
・臺東縣政府，二〇一八，《臺東史誌》。網址：www.taitung.gov.tw
・趙川明，二〇〇七，〈漢族篇〉《鹿野鄉志（下冊）》，臺東：鹿野鄉公所。
・趙川明等，二〇一一，《日出臺東縱谷文化景觀》。臺東：臺東生活美學館。
・潘永豐，二〇〇五，《臺灣第一好茶的故鄉》，鹿野：鹿野地區農會。
・潘永豐，二〇〇七，《從鹿野到慈濟》，鹿野：鹿野地區農會。
・潘永豐，二〇一八，〈莫忘初衷，信心的起步〉，臺東：鹿野鄉龍田村潘先生文件。
・鄭全玄，一九九五，《臺東平原的移民拓墾與聚落》臺東：東臺灣研究會，東臺灣叢刊之三。
・濱田隼雄著、黃玉燕譯，二〇〇四，《南方移民村》。臺北：柏室科技藝術。

國家圖書館出版品預行編目（CIP）資料

讀鹿踏野 : 神社 修行 紅烏龍 / 王鴻濬著 .
-- 初版 . -- 新北市 : 斑馬線 , 2020.06
面； 公分
ISBN 978-986-98763-9-1(平裝)

1. 歷史 2. 人文地理 3. 臺東縣鹿野鄉

733.9/139.9/123.2 109008159

讀鹿踏野：神社　修行　紅烏龍

作　　者：王鴻濬
總 編 輯：施榮華
封面設計：吳箴言

發 行 人：張仰賢
社　　長：許　赫
出 版 者：斑馬線文庫有限公司
法律顧問：林仟雯律師

斑馬線文庫
通訊地址：235 新北市中和區景平路 101 號 2 樓
連絡電話：0922542983

製版印刷：龍虎電腦排版股份有限公司
出版日期：2020 年 6 月
ISBN：978-986-98763-9-1
定　　價：350 元